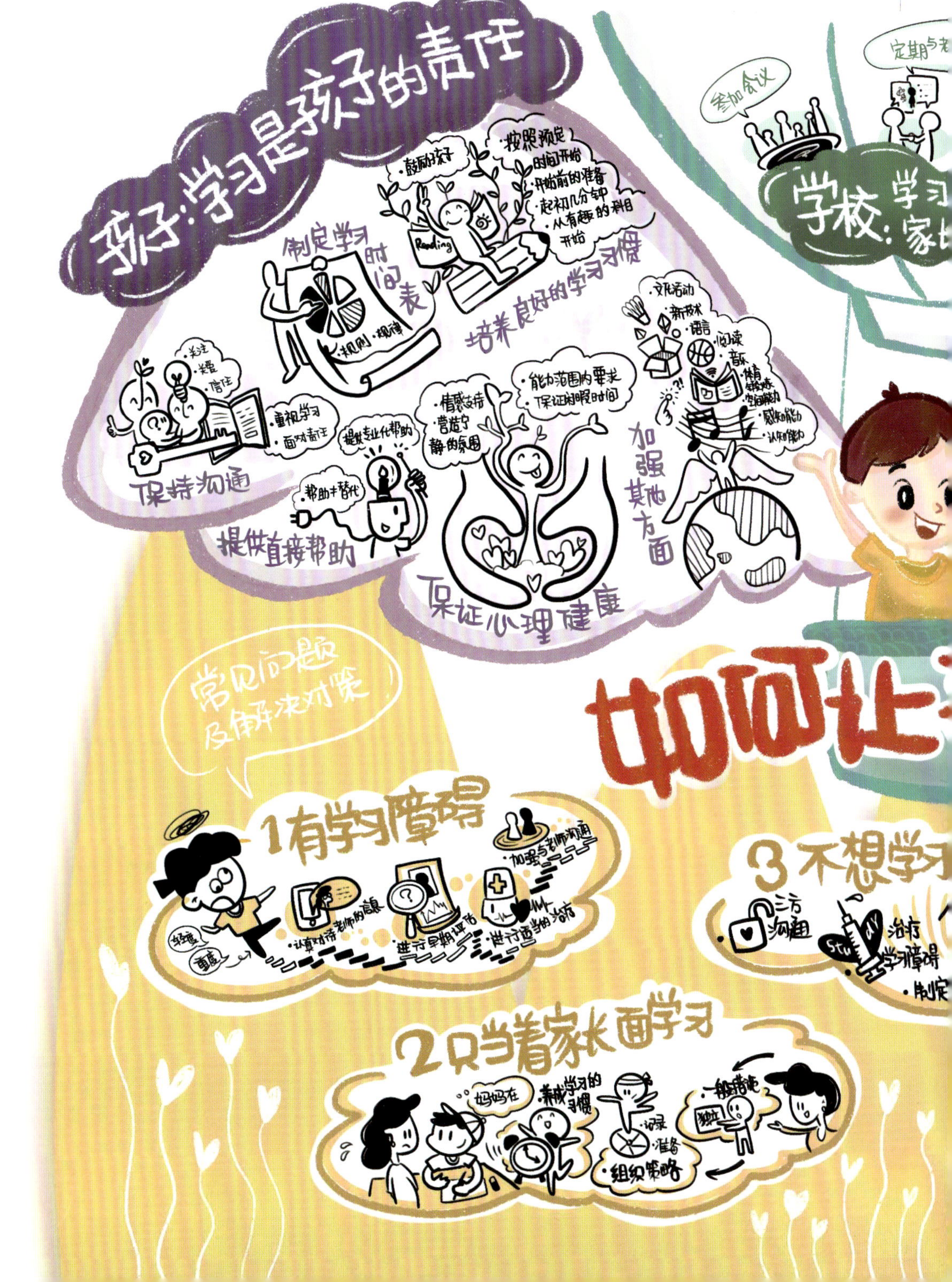

孩子：学习是孩子的责任

制定学习时间表
·规则 ·规律

·鼓励孩子

·按照预定时间开始
·开始前的准备
·起初几分钟
·从有趣的科目开始

培养良好的学习习惯

·关注
·体贴
·信任

·重视学习
·面对责任

保持沟通

·提供专业化帮助

·帮助≠替代

提供直接帮助

·情感支持
·营造宁静的氛围

·能力范围内要求
·保证闲暇时间

保证心理健康

·文化活动
·新技术
·语言
·阅读
·音乐
·体育锻炼
·空间能力
·感知能力
·认知能力

加强其他方面

学校：学习……
家长……

参加会议

定期与老……

常见问题及解决对策

如何让……

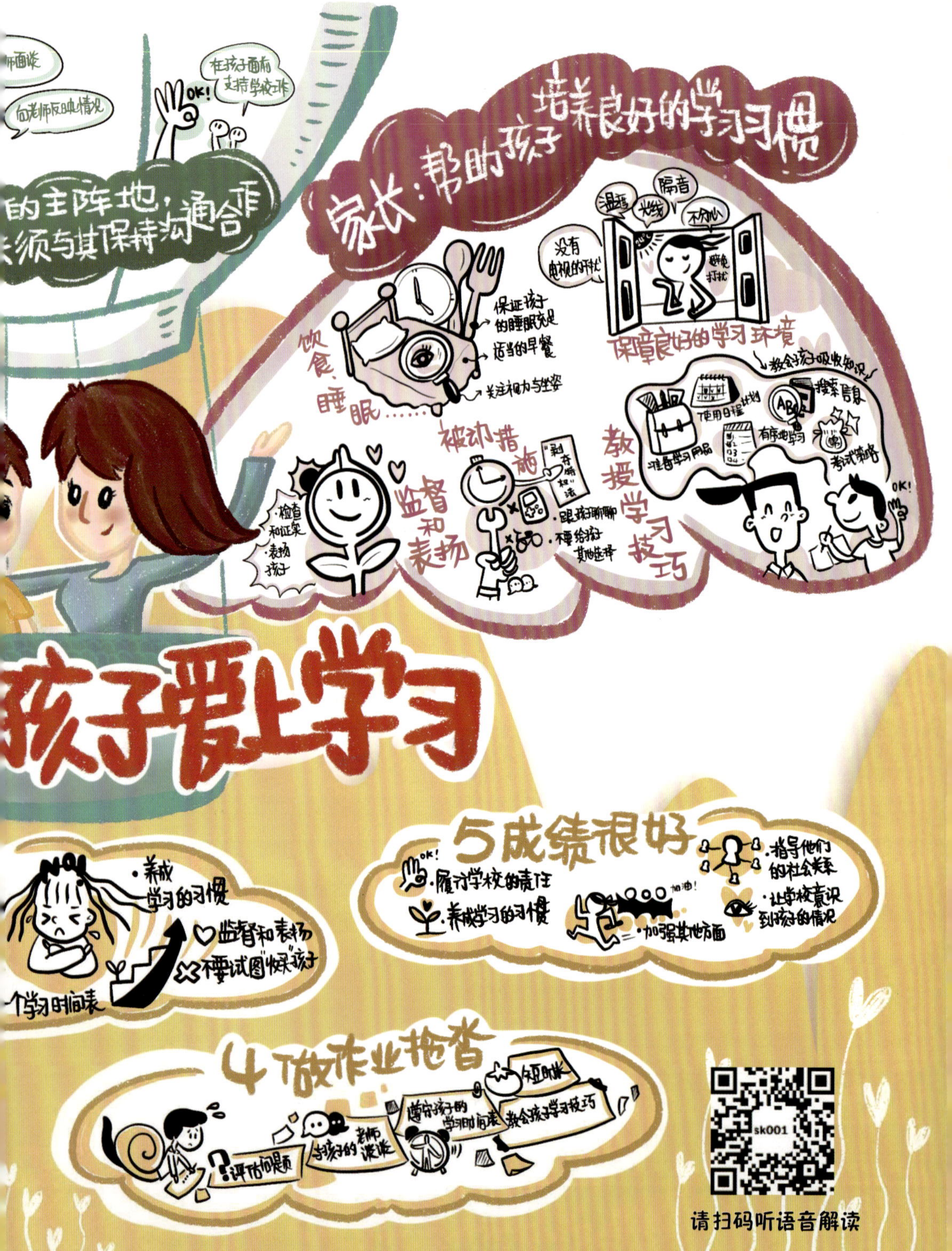

师面谈

向老师反映情况

在孩子面前支持学校工作

OK!

的主阵地，
须与其保持沟通合作

家长：帮助孩子培养良好的学习习惯

温度
光线
隔音
不分心
没有电视的干扰
避免打扰
保障良好的学习环境

保证孩子的睡眠充足
适当的早餐
关注视力与坐姿
饮食、睡眠……

教会孩子吸收知识
使用日程计划
搜索信息
有序地学习
准备学习用品
考试策略
教授学习技巧

被动措施
跟孩子聊聊
不要给孩子其他选择

监督和表扬
检查和证实
表扬孩子

OK!

孩子爱上学习

请扫码听语音解读

第一堂课

如何让孩子爱上学习

[西]赫苏斯·哈尔克·加西亚◎著　张曦◎译

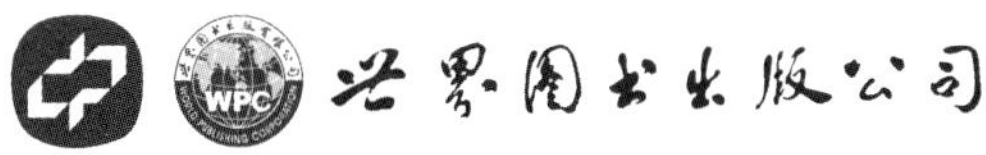

世界图书出版公司

上海·西安·北京·广州

图书在版编目（CIP）数据

解决孩子成长难题的八堂国际训练课．第一堂课：如何让孩子爱上学习 /（西）赫苏斯·哈尔克·加西亚著；张曦译．—上海：上海世界图书出版公司，2020.6

ISBN 978-7-5192-7309-5

Ⅰ．①解… Ⅱ．①赫… ②张… Ⅲ．①儿童教育－家庭教育 Ⅳ．① G782

中国版本图书馆 CIP 数据核字（2020）第 032674 号

书　　名　第一堂课·如何让孩子爱上学习
　　　　　Di-yi Tang Ke · Ruhe Rang Haizi Aishang Xuexi
著　　者　［西］赫苏斯·哈尔克·加西亚
译　　者　张　曦
责任编辑　孙妍捷
出版发行　上海世界图书出版公司
地　　址　上海市广中路 88 号 9-10 楼
邮　　编　200083
网　　址　http://www.wpcsh.com
经　　销　新华书店
印　　刷　天津丰富彩艺印刷有限公司
开　　本　787 mm × 1092 mm　1/16
印　　张　8.5
字　　数　105 千字
版　　次　2020 年 6 月第 1 版　2020 年 6 月第 1 次印刷
版权登记　图字 09-2019-1128 号
书　　号　ISBN 978-7-5192-7309-5 / G · 600
定　　价　25.00 元

目录

第四章　孩子学习过程中的常见问题

第五章　结论

第六章　家长提问

第七章　问题集

第八章　教会孩子画重点、总结和学习

参考书目

第一章

简　介

本书介绍

《第一堂课·如何让孩子爱上学习》一书属于"解决孩子成长难题的八堂国际训练课"系列丛书。本书的主题与《第三堂课·面对校园暴力，如何教孩子保护自己》一书的主题都是学校模块的一部分。

本书是专门为3到12岁孩子的家长编写的，如本书的书名所示，家长需要了解如何在家中帮助孩子学习。

说到"学习"这个概念，我们指的是一系列包括完成作业、做练习、复习，以及吸收学习内容的活动。

孩子们在学校学到的知识有其价值，而学习的经历对于孩子的教育来说也是至关重要的。因为这是孩子在家庭环境之外需要承担的第一个重要责任。在学习的过程中他们学会了履行自己的职责，努力学习，学会了就算是自己不喜欢的事情也要做好的道理。

首先，关于上述话题我们会为家长们提供一系列预防性措施，并且这些措施是适用于3到12岁孩子的。其次，我们也会针对家长们最常见的一些问题提出相应的通用措施。

如何在学习上帮助孩子是每个家庭常见的困扰之一，很多家长提出了下面这些问题。

家长应该从什么时候开始培养孩子的学习习惯呢？

孩子每天应该在学习上投入多少时间呢？

孩子在学习上遇到困难时，家长应该怎样帮助他？

家长如何判断孩子是否认真学习了？

如果孩子不喜欢学习，家长该怎么办？

家长帮助孩子应该到哪种程度？

这些问题，同其他问题一样，都反映出家长们在孩子学习问题上的不安，我们希望通过本书为各位家长解决这些疑问。

本书的目标

我们希望本书能够实现以下目标：

让各位家长意识到他们在孩子学习过程中所扮演的重要角色，尤其是在校外学习当中；

为各位家长提供通用的措施和操作方法，以便他们能够更有效地帮助孩子学习；

为各位家长提供尽可能详尽的行动指南来应对孩子在学习上遇到的常见问题；

让各位家长了解到底有哪些因素会影响孩子的学习态度和效率。

为此，我们将本书内容分为两部分：理论部分和实践部分。

除本简介外，理论部分主要包含4章内容：第二章会有一些初步的介绍以便各位家长能够设身处地地理解本主题。由此，我们会开展一系列关于各年龄段孩子学习问题的设想，然后会向家长说明那些影响孩子学习的因素。

在第三章中，我们会通过身边的例子向家长们详细讲解那些家长们在家可坚持采用的通用措施，从而帮助孩子提高学习成绩。

我们在第四章中讲解家长在孩子学习上经常会遇到的问题，涉及各种各样的孩子：伴有学习障碍的孩子、学习效率很高的孩子，以及做作业很拖沓的孩子或者那些单纯地不喜欢学习的孩子。第五章对前面所讲的内容进行了总结，让家长能够从家庭方面帮助孩子在家学习。

为了达到预期的目标，我们也在本书中加入了实践章节。这些章节旨在完善本书理论的基础上为各位家长提供一些工具来评估自身的做法。实践章节主要包括：家长提出的关于孩子学习的问题；不同的问题集以便各位家长对自己的行为进行评估和跟进对比，还有一些实用的建议来教孩子如何画重点、总结和学习。

我们衷心地希望各位家长通过阅读本书能够得到一定的帮助，也希望本书能够达到您的预期。

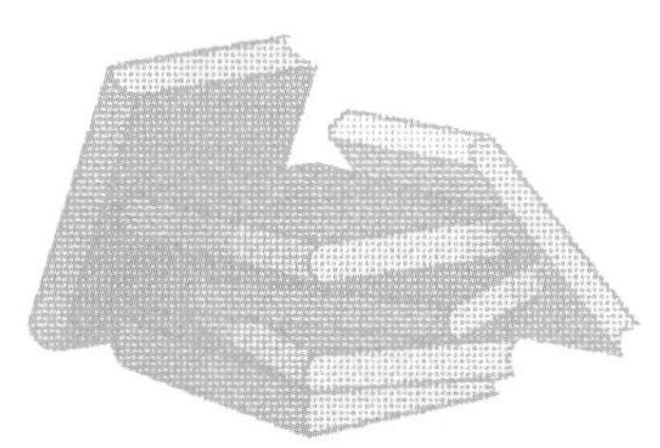

第 二 章

关于学习的一些基本内容

导言

为了更好地理解本书探讨的主题，我们先来介绍一些关于学习的基本内容。

首先，我们会就本书主题所包含的内容进行初步思考。然后，我们会介绍那些制约孩子学习效率的个人因素，之后也会讲到一些影响孩子学习的外部因素。

在给各位家长就如何帮助孩子学习提出建议之前，我们进行了以下预想。

1.学习对于3到12岁孩子的重要性

这个年龄阶段对于孩子来说是至关重要的，因为在这个年龄阶段您的孩子将学会一些基本的能力和知识，并养成一些学习习惯。具体来说，这些能力包括：

掌握口头交流的能力；

掌握基础的数量、空间和时间概念；

工具性学习，比如：阅读、写作、算数和解答基本的数学应用问题；

发展逻辑思维能力；

养成学习的习惯。

所有这些方面都对孩子的整体发展（包括运动能力、智力和情感发展）是有益且必需的。

2.“阶梯原则”

此类基础学习基本遵循“阶梯原则”。按照该原则，学习就好比是爬楼梯，或者说，是一个循序渐进的过程，要一个台阶一个台阶地上。就好像每次学习大都基于对之前学习内容的正确吸收和理解，是有一定顺序的。

举一个我们大家都明白的例子：为了学习除法，我们必须先学会其他的运算法则。

所以，这个原则的意义在于告诉我们如下几点。

要让孩子严格遵守学习的步骤。

要按照每个孩子的年龄和节奏调整学习进度。有些孩子由于一些特殊的困难处在比其他同学低一些的“台阶”上。这种情况下孩子应该从他当前的水平继续学习，而不是直接跳跃到他的同学所处的“台阶”上去。

为了迎头赶上别人而跳过“台阶”，并不意味着学得更多。如果孩子不按照应有的步骤来进行学习的话往往会遇到问题。

3.专家的角色

对处于这个年龄段的孩子来说，他们所学的知识和技能已经很复杂了，所以需要专业的人员来教授。当孩子掌握了阅读技巧后，读书对他们来说是很简单的，但是教他们读书可没那么简单，并不是随便哪个人都可以教的。

对处于这个年龄段的孩子来说，必须由专业人员来教他们知识，比如不同专业的老师们，还需要其他专家的引导，如教育学家和心理专家。

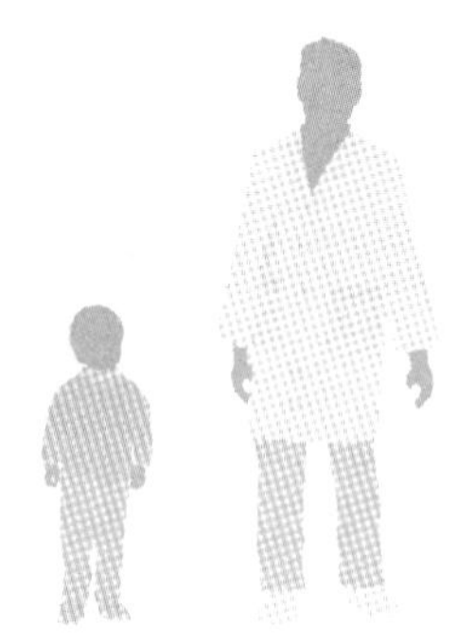

这些专家很清楚教学过程中应该遵守哪些步骤，应对不同的难题应采取哪些最适当的解决方法。这一切，都是因为他们为此接受了专业的培训。

4.家长的角色

家长在孩子的学习过程中扮演着不可替代的角色。但是，他们不是为此接受过训练的专业人员，并不适合教书。所以，他们应该让专业人员来教他们的孩子。

此外，家长还要在孩子学业方面承担其应有的责任和义务，比如：

选择学校；

帮助孩子评估他们的学习，同时为他们描绘美好的未来；

培养孩子的责任感，让他们自己承担责任；

与学校配合帮助孩子养成良好的学习习惯，使他们在整个学业生涯中受益；

为孩子创造适合学习的且必要的各种条件，包括环境、情感和物质方面；

监督孩子履行其作为学生的义务并在必要的时候采取相应措施；

在孩子遇到困难时，给孩子提供一定的帮助。

5.学习是孩子的责任

我们来看下面这个例子。

玛丽娜今年9岁。她的母亲不得不格外关注她的学习。就像她妈妈自己说的那样，要不是因为她在旁边盯着，玛丽娜什么都不做。

每个下午都会上演同一幕：

"玛丽娜你今天有作业吗？"妈妈问道。

"我不知道，可能有吧。"玛丽娜心不在焉地回答。

"天啊，我明天有语文考试。"

"可能？"妈妈此时不耐烦地问道，"快去看看你的笔记本，看看都会考些什么内容。"妈妈斥责道。

"笔记本上没有，我忘记记下来了。但是我觉得应该是第12课的内容。”

“你可真行啊！”妈妈绝望地说道，“把宝拉的电话号码告诉我，我要问问她，看看你今天下午都学什么了。”

“你记好，这是我最后一次帮你解决你的问题。”妈妈警告说。

家长应该教育孩子，学习是他们应该逐渐承担起来的责任。学生是孩子，而不是家长。实际上，学习是这个年龄段的孩子应该承担的第一个责任。随着学习的深入，孩子们也会学会在未来承担更多的责任。

6.每个孩子都有自己的学习方式

每个孩子都有自己独特的学习方式。我们来看下面这个案例。

大卫8岁了。他喜欢尽快把课外作业完成然后利用下午剩下的时间来娱乐。吃过午饭休息过后，他会一直学到下午5点。

皮拉尔今年11岁，她喜欢早起。她会提前一个半小时起床、洗漱、吃早饭，然后坐下来做作业和复习功课。

何塞是个9岁的小男孩。他通常在晚上7点左右开始学习。在那之前他会参加校外活动，在公园玩一会或者进行一些课余活动。

家长不能让孩子们都使用同一种方式来学习。作为标准，我们认为所有对孩子有用的方式都没有改变的必要。在本书所提出的建议中，您可以添加或者替换那些对您来说具有合理帮助的建议。

7.学习需要付诸努力

任何形式的学习都需要努力，当然，包括学校的学习。学习并不会永远是有趣或者吸引人的活动，孩子需要意志、动机、投入、毅力、纪律和延迟满足等的配合才能坚持。请不要相信那些不劳而获的学习方式。

总结一下，我们在提出这个主题时所需的思考，即我们刚刚所说的：

学习对于3到12岁孩子的重要性；

“阶梯原则”；

专家的角色；

家长的角色；

学习是孩子的责任；

每个孩子都有自己的学习方式；

学习需要付诸努力。

个人因素

接下来，我们继续来了解一些影响孩子学习的个人因素。我们会为大家指出都有哪些个人因素会影响孩子对待学习的态度，又有哪些个人因素能够为孩子奠定成功的基础或者导致孩子遇到困难。其中主要包括以下5点。

1.随意的归因

罗伯托12岁了，这一次他又没通过数学考试。当父母问他的时候，他很明确地回答：

“我不可能会通过的，但是华金老师讨厌我。”

随意的归因指的是孩子把他的成功或者失败归因于别人。有些孩子认为他们的表现不取决于自己的努力，而取决于其他那些他无法控制的外部因素，比如运气或者老师是否喜欢他。

这些孩子的表现在专业领域被称为“外控型”，就是说，他们认为发生在他们身上的都非他们所能控制的，而是取决于外部因素。所以，他们不会重视自己为达到目标而付出的努力。

而另外一些孩子，他们表现为“内控型”，会把成就通通归因于他们自身付出的努力。

上述“内控型”“外控型”的表现不光只出现在学习方面。通常来说这类随意的归因也会出现在孩子生活的其他方面，比如，健康、友谊等。那些“内控型”的孩子应对学习会更有优势。

2. 延迟满足的能力

延迟满足的能力也是一个影响孩子学习态度的个人因素。有些孩子无法等待，要求“此时此地”得到想要的东西，他们没法去面对那些需要通过长期努力才能获得的成就或者奖励。

这些孩子相比具有延迟满足能力的孩子学习能力更差。

3. 承受挫折的能力

挫折感是当一个人的愿望或者期许没有实现时所产生的负面情绪。承受挫折的能力是指吸收并控制这种感觉且不会使之爆发从而影响孩子自身的能力。

冈萨洛开始喊叫起来并敲打着他房间里的桌子。这时他的父母满脸惊讶地赶来，问道：

“发生什么了，孩子？”

“电脑死机了。”冈萨洛满脸愤怒地回答道。

如果很小的挫折就能使孩子生气、发怒、伤心或者放弃理想，那么这个孩子就属于挫折承受能力很弱的孩子。这个孩子在学校中就会比正常的孩子遇到更多的问题。

4.认知能力

孩子是否拥有某种程度的认知能力也是一个影响学习的条件因素，尤其是与“先思考再行动”相关的能力，主要包括观察、计划、组织或者检查自身行为的能力。具备这些能力的孩子在学校的学习效率会高出很多。

此外，还有一些其他认知能力也会影响孩子的学业：

集中力和专注力；

短期和长期的记忆力；

对抽象内容和符号的理解力；

通过思维建立不同因素之间联系的逻辑能力。

5.孩子的情绪

玛尔塔的祖母住院了，而且看上去非常严重。她的爸爸和几位叔伯轮流照顾她的祖母，妈妈也一起帮忙。就这样度过了几周，大家都非常担心。从那时起，玛尔塔就很难集中精力做作业和在学校专心听讲了。

孩子对这种情况是相当敏感的，所以他们情绪上的重大变化总是会反映在学习上面。

缺乏规律的生活习惯、持续的家庭紧张感、对家庭冲突的担心、嫉妒心、自尊心的缺乏或者身体或心理的健康问题往往会改变孩子的情绪。而受情绪困扰的孩子会影响其学习效率。

概括来说，能够影响孩子学习效率的个人因素有：

随意的归因；

延迟满足的能力；

承受挫折的能力；

认知能力；

孩子的情绪。

外部因素

除了我们前面提到的那些个人因素外，也存在一些影响孩子学习的外部因素。

1. 饮食、睡眠和其他

胡里奥11岁了。在早上第一节的数学课上，他感觉很不舒服。在接下来的英语课上，他感觉更晕更累了，以至于根本无法跟上老师的讲解。这时，老师发觉他不太对劲，问道：

"你还好吗，胡里奥？你的脸色看起来很苍白。"

"不太好，我肚子疼得厉害。"胡里奥的脸色越来越差了。

"你早饭吃了什么？"老师问道。

胡里奥回答说："什么也没吃。"

一个可悲的事实摆在我们面前:相当一部分的孩子每天去上学时,不是没有吃早饭就是睡眠不足。这样的身体条件是不足以应对一上午大量的脑力劳动的。

很多时候,解决孩子学习问题的方法,其实就是养成良好的睡眠和饮食习惯。

另外一些孩子的问题是视力不好并且从未被矫正过,视力问题也会影响他们在学校和家中的学习。这些孩子通常表现为注意力分散、反应慢或者懒散,特别是8岁以前的孩子。

还有一些孩子在家或者学校学习的时候姿势不正确。这样不仅会导致他们更容易疲惫,而且不利于保持专注。

2.学校的特点

学校是一个对孩子学习影响非常大的因素。其影响来自:

学校内部的构架是否符合教育标准;

每个教室的学生人数;

教师团队的稳定性;

学校的教学资源及其用途;

学校拥有的专业人员资源,如:教师、教育专家和其他专业人员,以及学校对这些资源的管理。

3.家庭环境的特点

一些家庭环境的特点能够促进或者阻碍孩子的学习。其中最突出的有如下几点。

孩子在家是否有人监督,以及家长对孩子学习情况的跟进。

家庭生活的节奏:是否存在相对固定的生活习惯及家庭内部的紧张感。

孩子的自主性和要求孩子承担一些责任。

情绪气氛,主要体现在孩子与家庭成员之间表达感情和情绪的方式,家长对孩子细节的关注程度,出现冲突和争执的频率,以及解决这些问题的方式。

家庭成员对孩子学习的期望,这标志着不同的严格程度。

家庭内部的教育方式,即父母教育孩子的策略和方法。

4.其他条件

有时,我们也会遇到其他能够影响孩子学习投入程度的条件,例如如下两点。

往返于市中心和城郊的时间。有些孩子上学单程就要花上1到2小时,这就意味着孩子要早起,也会浪费一部分下午放学后的时间。

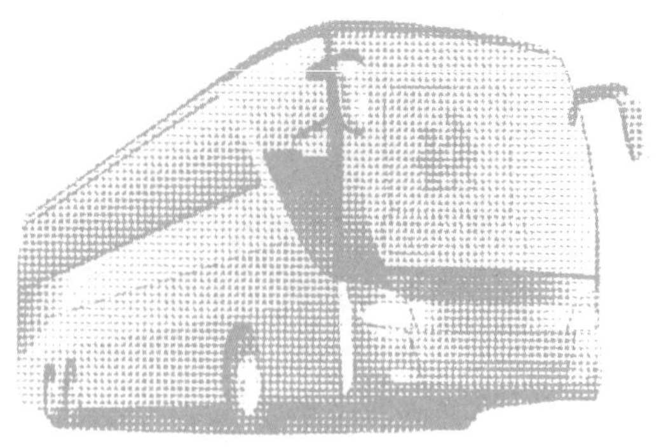

家庭条件。比如,有时在乡下,孩子并不具备充分的学习条件:电灯、暖气或者学习的空间。

总结一下,其他制约孩子学习的条件还有:

饮食、睡眠和其他;

学校的特点;

家庭环境的特点;

其他条件。

本章我们主要解释了与学习相关的一些基础内容。为此,我们提出了一些关于这个话题的思考并且我们也为大家说明了都有哪些因素会对孩子的学习造成影响。

第 三 章

帮助孩子学习的通用措施

导言

在本章，我们将努力回答各位家长以下问题：家长应该怎么做才能帮助孩子提高学习成绩呢？我们提出了12条家长应该坚持采用的建议。

我们提出的这12条建议参考了以下3个原则。

这些措施必须能够有效地帮助家长提高孩子的学习成绩。

这些措施的实施主体是家长，家长要负责采取这些措施。或者说对于这些措施的实施，家庭的作用是不可替代的。

这些措施可以被任何家庭实施，无需任何专业培训。

我们接下来提出的12条建议适用于3到12岁的孩子。当然，我们需要将这些措施按照您孩子的年龄进行一些适配，这些将在下面为您逐一进行讲解。

这12条建议分别是：

（1）关注孩子的饮食、睡眠和其他方面；

（2）与孩子保持沟通；

（3）制订学习时间表；

（4）培养孩子良好的学习习惯；

（5）保障良好的学习环境；

（6）监督和表扬孩子；

（7）采取被动措施；

（8）与学校保持沟通合作；

（9）提供直接帮助；

（10）教孩子一些学习技巧；

（11）加强其他方面；

（12）保证孩子的心理健康。

关注孩子的饮食、睡眠和其他方面

饮食和睡眠是影响孩子学习效率的重要因素，因此，家长应该尽力保障。

1.保证孩子睡眠充足

尽管孩子睡眠不足学习就不会有效率是显而易见的，但仍旧有大量的孩子黑着眼圈去上学。

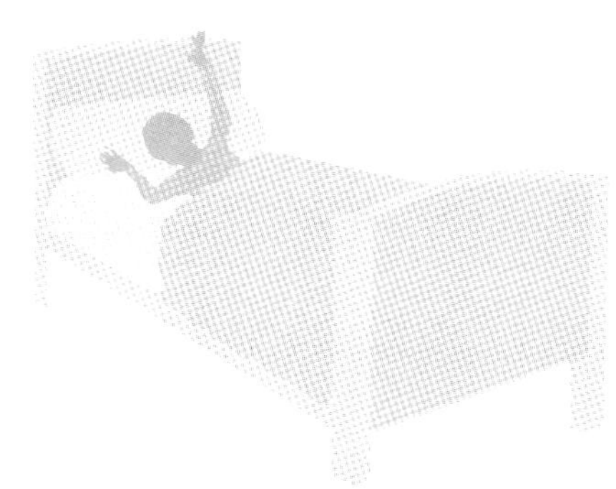

主要原因与孩子平时的不良习惯有关：晚睡、熬夜看电视、睡前喝一些刺激性饮料等。

作为参考，建议3岁的孩子每天睡10到14小时；4到5岁的孩子，睡9到13小时；6到12岁的孩子，建议睡10到12小时。

2.适当的早餐

没有适当的早餐，孩子的学习效率也不会高。有很多孩子是空着肚子去上学的。因此，家长们必须制订并遵守以下准则：

早起，有时提前15分钟就足够了；

把早餐变成家庭的日常习惯，如果大家都吃早餐，孩子也会习惯一起吃早餐的；

早上或者下午吃些零食。

3.其他方面

另外，家长也应当留意那些会影响孩子学习的其他方面，尤其是如下几点。

至少每年给孩子做一次视力检查。孩子的视力往往会伴有轻微的变化，虽然幅度不大，但是仍然会影响孩子的学习效率，因为视力的变化会导致疲劳和缺乏专注力。如果孩子戴眼镜，家长应该提醒孩子不要忘记佩戴，确保眼睛状态良好并且镜片始终保持清洁。

在家中，家长应该监督孩子学习时的姿势。因为有些姿势是不正确的。这些不正确的姿势在短期内会导致孩子容易感到疲劳并缺乏专注力，同时伴有背部的不适。长期可能会导致孩子身体受到更严重的损伤。

在这个层面，我们上述的睡眠、饮食和其他方面是家长们应该优先确保

的，这样才能帮助孩子提高学习效率。而且，也只有父母才能做到这些。这些方面应该优先处理好，否则，我们接下来推荐的所有措施都会失去效果。

与孩子保持沟通

跟孩子聊聊学习并倾听他的想法也是家长应当采取的一个教育措施。

家长在跟孩子交流学习的过程中应该注意保持信任并把握好交流的度，避免在交流时给孩子频繁施压，又或者过度纵容孩子而在应该做些什么的时候却袖手旁观。为了控制好这个度同时使交流成为您与孩子在学习方面的一个有效的辅助措施，我们建议如下几点。

1.学习也是一个可以跟孩子聊的话题

学习是家长日常跟孩子沟通和倾听孩子的完美机会。为此，我们建议家长采用下面的方式：

每当孩子跟家长聊起下面这些话题的时候都要关注他，比如：他的学校、老师、同学，他遇到的困难和取得的成绩。

问孩子一些比较直接的问题，不要想着问太多。家长可以问“今天在学校怎么样啊？”“最近学习怎么样？”“你最喜欢哪个科目？在哪个科目问题最多？”“你的同学怎么样？”“你的老师怎么样？”或者“你现在怎么看这个科目或者其他学科？”

2.要充满信任和关爱地跟孩子聊学习

学习是孩子在成长过程中需要逐渐承担起来的责任。而在跟孩子聊到学习这个话题时，家长的态度应该是充满信任和关爱的。

也就是说，当家长跟孩子聊起学习的时候不能上来就威胁或者纠正孩子。虽然家长经常要对孩子做出要求甚至采取惩罚措施，但是沟通始终要从一个积极的态度出发。

3.重视学习

如果家长重视孩子的学习并且经常向孩子传递积极的期待，那么孩子也会重视自己的学习。此时的沟通对于以下方面非常有用：

传递关于学习的积极信息，而不是仅仅将学习描述成一项毫无意义的沉重的义务；

帮助孩子重视学习并将学到的知识付诸实践；

关注孩子在学习方面的所有困扰和成绩；

评价孩子在学习方面的投入和努力；

用语言和实际例子来说明孩子“做得好”的价值；

让家长成为孩子的好榜样，有些家长仍在自己的专业或关注的领域继续深造着；

在规划孩子的时间时将学习放在首位。

4.夫妻双方的事情

辅导孩子的学习不应该只是爸爸或者妈妈一个人的事情，而应该是由夫妻双方一起合作来完成的。这样孩子会从爸爸妈妈那里得到一致的信息，并且孩子也会注意到爸爸妈妈都在关注他的学习。

5. 孩子的责任

通过沟通家长可以让孩子从小就知道学习是他的责任，需要他自己面对，而不是家长替他面对。为此，家长必须：

提醒孩子每个人在家里都有自己的责任并且要去履行它；

鼓励且要求孩子承担自己的责任，而不是将这个责任推给家长；

如果孩子一而再，再而三地逃避责任，家长要采取措施。

6. 当出现问题的时候

当出现第一次的警示或者问题的时候，家长首先应该采取的措施就是及时的沟通，这样既可以让家长了解孩子的困难，也有利于家长帮助孩子或者对孩子提出一些要求。

总之，家长想要帮助孩子提高学习效率，就要时刻与他保持沟通。

制订学习时间表

现在我们继续看帮助孩子改善学习情况的一般措施，下面这个措施是为孩子制订一个学习时间表。实际上，就是指在孩子的日常时间表中加入学习的内容。

我们来看一些例子。

这是玛利亚的时间表，她今年10岁：

<table>
<tr><th>时间</th><th>周一</th><th>周二</th><th>周三</th><th>周四</th><th>周五</th><th>周六</th><th>周日</th></tr>
<tr><td>9:00</td><td colspan="5" rowspan="6">上学</td><td rowspan="14">空闲</td><td rowspan="10">空闲</td></tr>
<tr><td>10:00</td></tr>
<tr><td>11:00</td></tr>
<tr><td>12:00</td></tr>
<tr><td>13:00</td></tr>
<tr><td>14:00</td></tr>
<tr><td>15:00</td><td colspan="5" rowspan="2">空闲</td></tr>
<tr><td>16:00</td></tr>
<tr><td>17:00</td><td rowspan="2">课余活动</td><td>空闲</td><td rowspan="2">课余活动</td><td>空闲</td><td rowspan="2">课余活动</td></tr>
<tr><td>18:00</td><td rowspan="2">学习</td><td rowspan="2">学习</td></tr>
<tr><td>19:00</td><td>学习</td><td>学习</td><td>学习</td><td rowspan="2">学习</td></tr>
<tr><td>20:00</td><td>空闲</td><td>空闲</td><td>空闲</td><td>空闲</td><td>空闲</td></tr>
<tr><td>21:00</td><td colspan="5">晚饭</td><td>晚饭</td></tr>
<tr><td>22:00</td><td colspan="5" rowspan="2">休息</td><td rowspan="2">休息</td></tr>
<tr><td>23:00</td><td>休息</td></tr>
</table>

下面这个时间表是6岁的巴勃罗的：

时间	17:00	18:00	19:00	20:00
周一	学习	去公园玩或者去外婆家	晚饭和空闲时间	洗澡
周二	学习	去公园玩或者去外婆家	晚饭和空闲时间	洗澡
周三	学习	去公园玩或者去外婆家	晚饭和空闲时间	洗澡
周四	学习	去公园玩或者去外婆家	晚饭和空闲时间	洗澡
周五	学习	散步	晚饭和空闲时间	洗澡

为了制订时间表您可以参考下面的建议。

1.孩子应该从几岁开始使用时间表?

一般6岁以上的孩子就可以系统地制订这个时间表了。3到5岁的孩子的时间表可以更灵活一些。这个年龄段的孩子更应该让他们习惯于每天投入一定的时间,去做一些他们感兴趣的学校的活动,比如:绘画、涂色、剪纸和讲故事。如果有哥哥或者姐姐,他们往往也喜欢模仿哥哥姐姐的学习方式。

2.谁来制订时间表?

从孩子6岁开始家长就应该跟孩子商量着来。所以家长最好跟孩子一起制订这个时间表,不要强加于孩子。随着孩子长大,孩子参与的会越来越多。当孩子10岁或者11岁时,就可以让他自己来制订这个时间表了,家长只负责在旁监督就好。

3.孩子应该投入多长时间在学习上?

学习包括不同的行为,比如做课堂作业、吸收知识、查阅信息等。首先,家长应当注意孩子学习是要有一定时间限制的:要有始有终。

吉耶晚上的学习是没有止境的。下午6点开始写作业,到了吃晚饭的时间他还没有写完。

晚饭之后,他继续去写作业直到深夜,这时,他绝望的妈妈不得不替他写完剩下的作业。

正常来讲，学习不应该妨碍到孩子生活中的其他基本活动。相反，家长必须允许孩子进行其他的日常活动，比如洗漱、吃饭和睡觉；也必须允许孩子与其他朋友或者家人相处并且能够拥有他自己的空闲和日常游戏的时间。

家长可以参考以下标准来决定孩子应该投入多长时间去学习，但是要考虑到这是孩子个人的事情。

孩子的年龄（年级）	学习的时间
3到4岁	一段很短的时间，孩子想学多久都可以，但是必须每天都得学
5岁（幼儿园大班）	20到30分钟
6到7岁（小学一年级、二年级）	40分钟左右
8到9岁（小学三年级、四年级）	1小时左右
10到12岁（小学五年级、六年级）	大约1小时30分

如果上述时间经常不够用，家长应该向老师询问孩子的学习情况，有可能是作业过多或者孩子遇到了其他的问题。

4.孩子可以休息吗?

的确，学习没有必要连续不间断地进行。根据孩子的特点，每隔20到30分钟安排一个短暂的休息。特别是那些不安分的孩子需要更多的休息。

纳乔是一个十分不安分的孩子。在椅子上总是不停地动。于是他的父母制定了一条规矩：每完成两个练习，他就可以站起来给他们看一下他做的练习。

这样一来，在他父母的允许下，纳乔就可以在他父母检查时休息一下。他的父母其实并不会批改作业，除非他写得很差。他们这样要求只是为了证明孩子做了练习并鼓励孩子继续做接下来的两道练习。

有一点很重要，这里的休息指的是只持续几分钟的短暂时间，用来上厕所、喝水或者让父母看一下作业。像打电话或者看电视这种过长的休息时间会影响孩子重新回到做作业的状态，并令孩子失去专注力。

5.每周哪几天学习？

孩子用于学习的时间应该安排在周一到周五的每一天，以及周末两天中的任意一天（周六或者周日都可以）。这样家长可以帮助孩子养成良好的学习习惯。

6.应该在几点学习？

这个问题取决于孩子个人。但是，我们有以下几点建议。

在孩子放学后留出一定的休息时间，至少两个小时。这样有利于孩子调整好自己的状态。

最理想的是选择一个固定的时间开始每天的学习。如果由于课余活动导致这不太可能实现，也请尽量保持一定的规律性，就像接下来帕特丽夏的这个案例。

帕特丽夏8岁了。在没有课余活动的日子，她会在下

午5点坐下来开始学习;在要打篮球的那几天,她会在下午6点30分开始学习。每周都这样。

孩子开始学习的时间,无论怎样都应该介于下午4点30分到晚上7点之间。

家长安排学习时间表的时候尽量避免与孩子很感兴趣的活动冲突,比如他最爱的电视节目。在这种情况下,家长需要想其他办法,比如把电视节目录制下来等孩子学习完再看。如果这种情况长期存在的话,家长可能需要调整一下孩子的学习时间。

7.要是孩子没有作业该怎么办?

孩子有可能在某个下午放学后没有作业,或者提前完成了作业。这时候家长也应该留出时间表中至少一半的时间让孩子学习。

无论怎样孩子都是有学习任务可以做的,比如:

总结当天所学的知识;

抄写批改后的作业中的句子并且再做一遍课后练习,对其中需要重复吸收的内容进行训练;

阅读并深入分析孩子自己感兴趣的内容。

家长使用时间表的目的是帮助孩子养成良好的学习习惯,因此孩子应该每天坚持遵守时间表。

总结一下,刚刚我们为家长们推荐了另外一个比较具体的措施来帮助孩子提高学习效率,那就是制订一个学习时间表。为此,我们也回答了与此相关的所有常见的疑问,它们包括如下几点。

孩子应该从几岁开始使用时间表?
谁来制订时间表?
孩子应该投入多长时间在学习上?
孩子可以休息吗?
每周哪几天学习?
应该在几点学习?
要是孩子没有作业该怎么办?

培养孩子良好的学习习惯

培养孩子良好的学习习惯是家长最好的选择。

养成良好的学习习惯的最大好处在于孩子会习惯学习并且不会对此感到反感。孩子往往在相对固定的环境中会产生更高的效率,所以,如果家长将学习加入他的日常习惯中,孩子会更容易接受。

3到5岁孩子的学习习惯可以从3岁开始培养。在3到5岁这段时间里,最好让孩子适应每天投入比较短的时间来进行学习的情况。

这些活动可以是一些与学习相关的活动,但其中大部分活动对孩子来说是很有趣的,所以孩子可以结合一些积极的活动,比如:填色、拼图、翻看绘本、剪纸或者画画等。

6岁以上的孩子已经可以系统地做一些事情了。我们来看下面这个例子。

玛卡雷纳9岁了。她的妈妈说:

"从很久以前她就习惯用同样的方式学习了。每天下午6点30分,她坐下来开始学习。在这之前她会看一小会电视,然后清理好桌面,准备好学习需要的物品。"

她的妈妈继续说道:

"每一天她都会查阅她的一个小本子,本子上面记着作业和应该学习的内容。她每天都会先从最爱的英语开始学习。"

她的妈妈继续补充道:

"虽然学习的最后可以请求我的帮助,但是她明白应该自己做这些。无论怎样,我喜欢时不时地去看看她,为了鼓励她而给她一个吻。"

为了让孩子养成良好的学习习惯,我们建议孩子应该像玛卡雷纳那样,按照下面的步骤持续地进行学习。

1.按照预定的时间开始

正如家长在学习时间表中规定的那样,孩子应该在预定的时间开始学习,如果可能的话,最好能够保证在同一时间开始学习。

2.开始前的准备

在距离预定时间10到15分钟时,孩子需要开始为学习做些准备工作。这段时间应该起到一个过渡的作用,在此期间孩子所做的准备工作应该具有一定的仪式感。

所以,这段时间内孩子应当避免争吵、激烈的游戏或者继续看电视这些情况。我们也不建议孩子在学习前玩电子游戏,因为这不利于他之后集中精力学习。

这个小小的“仪式”可以包括整理一下学习地点上的杂物，浏览一下作业清单，准备一些必要的书本或者任何其他相对安静的活动。如果快到预定的时间时孩子还没有开始准备，就非常需要家长介入了。家长可以用坚决的语气告知孩子必须准备学习了。

“伊莎贝尔，5点钟你就要开始学习了。快点准备好需要的物品，别再玩了。”伊莎贝尔的父母提醒道。

“还没到时间呢。”伊莎贝尔回答说。

“现在是你的准备时间。快收拾好，准备学习去。”她的父母严厉地说道。

虽然最理想的情况是孩子不用家长提醒自己去学习，但在最初的几周家长需要提前提醒孩子一下。当然，家长一定要提前提醒孩子开始准备，不要等到点了再提醒他。

3.从有趣的科目开始

家长选一个孩子最喜欢或者至少让他更能接受的科目作为开始，这有助于孩子学习。一些孩子喜欢先做数学，另外一些孩子则喜欢从画画入手，还有一些孩子最喜欢从外语开始学习。

4.起初的几分钟

无论孩子处在哪个年龄段，在最初的几分钟家长都不应该允许他中断学习，比如站起来叫他们，这样做是为了保证孩子能够专注地学习。为此，家长习惯让孩子首先做那些无须他们帮助就可以独立完成的作业，把那些需要询问他们的题目留到最后。

5.鼓励孩子

在孩子叫家长之前，家长应当时不时地去看他一下，主要是为了鼓励他、表扬他做得好。在孩子学习的时候表扬他，要好过只把注意力用在盯着他偷懒上。

以上就是我们关于如何给孩子养成良好的学习习惯提出的几点建议。习惯是通过一遍又一遍地做同样的事情养成的，直至孩子逐渐将这件事融入自己的日常生活。这时家长就没有必要每次都提醒他们了。

所以，如果家长能够坚持采用上述步骤，孩子一定能够在几周后养成良好的学习习惯。

下面我们再复习一下上述步骤：

按照预定的时间开始；

开始前的准备；

从有趣的科目开始；

起初的几分钟；

鼓励孩子。

保障良好的学习环境

良好的学习环境是非常重要的。即便要求不高，但当这些条件无法被满足时，也会产生负面的效果。好的环境能够保证孩子舒适地学习，并且避免分散他们的注意力和受其他干扰。所以，家长应该尽可能地保证以下几点。

1.适宜的温度

学习的场所应处于适宜的温度下，不可以过冷，当然也不可以太热。最好能够保持在20到24摄氏度之间。

2.舒适的光线

最好的光线是自然光。如果无法满足的话，人工光照需要充足，同时要避免阴影和过于刺眼的光。

3.隔绝引起不适的噪声

学习环境并不一定要绝对安静：如果街上很吵闹就关上窗子。住宅区的正常噪声并不会引起不适。

不建议孩子学习的时候播放比较激烈的音乐或者发出刺耳的声音，这样会干扰孩子的注意力。有些孩子习惯边做作业边听音乐，这并没有什么问题，但处于一个相对安静的环境中才最有利于学习。

4.没有电视的干扰

有的孩子做作业的时候习惯开着电视，他的父母却说如果不这样的话孩子就没法做作业。实际上，这是一个非常不好的习惯。电视节目很容易吸引孩子的注意力，就算孩子能够边看电视边学习，那也需要耗费他更多的时间和精力。

5.没有让孩子分心的东西

另外也存在一些让正在学习的孩子分心或者能引诱孩子的因素。比如，附近的玩具、面前的电脑（即使电脑是关着的）或者手边的电子游戏机。以上都是一些引诱孩子分心，使他们放下手头学习的因素。

6.合适的家具

学习时应该使用适当的座椅，以便孩子有足够的空间保持背部自然挺直。躺在沙发上或者在床上学习都是不可取的，这些既不利于孩子集中精力，也会让孩子很快产生疲劳感。

7.避免打扰孩子

有兄弟或者姐妹的孩子在学习时往往会被打扰。这也是家长应该极力避免的，应该设法在哥哥学习的时候让弟弟在另外一个地方“忙着做他自己的事”，这样就不会使哥哥分心。

下面我们来看劳尔的例子。

劳尔的房间里什么都不缺。除了电视外，他的写字台上还有一台电脑、名牌音响、游戏机手柄，以及一个装满他收藏的汽车模型的展示架。

每次在他应该学习的时候，他的父母都要频繁地提醒他，不是因为他房间的音乐声音太大了，而是因为看到他在玩游戏。

劳尔的情况说明，有时候孩子自己的房间并不是学习的理想场所。像劳尔这种情况，如果想让他好好学习的话，他的父母需要另外给他准备一个适合学习的空间，或者“改善”一下他房间的环境。

还有一些家庭，因为房子很大，家长专门安排了一个房间作为孩子和他们的书房。

最后，我们再次提醒一下各位家长，家长必须保证孩子在学习时的环境具备以下的条件：

适宜的温度；

舒适的光线；

隔绝引起不适的噪声；

没有电视的干扰；

没有让孩子分心的东西；

合适的家具；

避免打扰孩子。

监督和表扬孩子

尽管学习是孩子的责任，但家长也有监督孩子学习的义务。家长应当注意以下几点。

1.监督什么?

监督主要包括检查和证实：

孩子是否遵守约定的学习时间；

孩子是否有效利用了学习时间；

孩子是否完成了学校的活动与任务；

了解孩子的整体学习效率和他可能遇到的问题。

2.怎样监督孩子?

家长监督孩子的学习应该始终保持对孩子的信任和支持，所以应该：

在孩子学习的时候时不时地去看他一下，鼓励孩子或者看看他是否在学习。

到了该学习的时间了，路易斯的爸爸走进儿子的房间，看到路易斯已经坐在桌边，就鼓励他说：

“怎么样儿子？今天的作业多不多？”

“不多，爸爸。今天在学校我基本就写得差不多了。”

“太好了。那我不打扰你了。”爸爸向路易斯告别的同时摸了摸他的头。

定期检查孩子的作业本。老师常常会在作业本上留下备注或者评语，来让家长了解孩子最近的作业完成情况。

亚历克斯7岁了。他很喜欢爸爸检查他的作业本。他们一起坐下，然后亚历克斯向爸爸讲述最近他都做了些什么。他的爸爸看过老师的评语后，也会跟亚历克斯交流。

3. 当孩子履行了自己的责任时应该表扬他

监督孩子不是为了抓到孩子的错误然后去批评他。正相反，家长也应该多表扬孩子，向他表示他们对他认真学习的满意，认可他的努力和投入。

也就是说，当家长帮助孩子养成良好的学习习惯时，他们也应该找个好机会祝贺他、鼓励他，而不是指责他。

采取被动措施

如果孩子在学校的学习效率一直很低，经常不遵守学习时间表或者不好好利用学习时间，家长就要尽早采取措施了。家长不应该允许这个年龄段的孩子一整天都不学习且不用为此承受后果，或者家长不应该只对孩子说一些不切实际的威胁。

希尔维亚已经有好几天无所事事了。她的妈妈批评道：

"希尔维亚，你都好几天没看书了……要是你还这样的话，我们就要把你送到寄宿学校去。"

家长不应该总是被动地纠正孩子的错误行为，而应该采取更具预防性的措施。不要等到学期末或者学年末才行动，那时就为时已晚了。对此，我们的建议有如下几点。

1. 跟孩子聊聊

正如我们在前面指出的，沟通是首要措施。跟孩子聊聊，告诉他你们认为他这样的学习态度是不对的，要求他解释不学习的原因，然后鼓励他好好学习。

2. 不要给孩子其他选择

在约定好的学习时间内，家长不要给孩子除了学习以外的其他选择，比如玩游戏、出门或者看电视。

3. 使用“剥夺特权”法

胡安霍已经连续好几天都没有按时学习了。本来应该每天下午5点开始的，最近他总是在6点10分才开始学习。他的父母已经提醒他很多天了，终于，今天他们决定行动了。他们提醒他说，从明天开始，如果他不在预定时间开始学习，就不可以出去玩。

“剥夺特权”指的是让孩子在有限的时间内远离一个吸引他的活动或者物品，比如：看动画片、收零花钱、使用手机、玩电子游戏、玩某样玩具或者骑自行车等。

然而，为了让这个措施能够发挥最大效果并能帮助孩子重新投入到学习中，应该注意满足以下条件。

应该尽快采取措施，尽可能在当天。在还差两个月或者更久才到圣诞节的时候告诉孩子他将不会得到“圣诞礼物”是没有效果的。

如果持续的时间较短会更有效果。惩罚“孩子一个月不许玩游戏”既不可能也不现实。并且，用不了几天，孩子就会习惯不玩游戏的生活。对于小一点的孩子，8岁以下的，一般一个下午或者一天就足够了。9岁往上的孩子，可以惩罚一整天或者几天。如果家长频繁使用这个措施，就需要时不时改变一下剥夺的“特权”。

一定要实现当初定下的措施。像希尔维亚的母亲那样的威胁，告诉孩子会把她送到寄宿学校，不仅不切实际，而且还会让孩子认为她要被抛弃了，所以这样的惩罚是永远不会被实现的。我们建议家长制定切实可行的措施并且在必要的时候坚决执行，否则，孩子会不信任他们，以后再使用这类措施就难上加难了。

4.有些情况不应该采用“剥夺特权”法

有一个例外的情况，我们不建议家长使用“剥夺特权”法：虽然孩子按时在学习，但是他的学习效率很低。在这种情况下采用我们刚才的建议就没有什么意义了。此时家长应该做的是了解孩子学习效率低的原因并且采取相应的措施。

所以，当孩子总是不认真学习的时候我们建议家长：

跟孩子聊聊；

不要给孩子其他选择；

使用“剥夺特权”法。

与学校保持沟通合作

与学校保持沟通、与教育者合作是帮助孩子学习的另一种方式。这种沟通是必不可少的。

让孩子明确地知道家长重视与他学业有关的一切，家长对他感兴趣。

家长要随时知晓孩子的表现和态度。

家长要帮助孩子学习，支持他。

就如何在家里帮助孩子学习，家长要接受专家的建议。

在与学校合作的时候，家长需要遵循以下行动方针。

1. 参加会议

参加学校召开的所有与孩子有关的会议和活动。

在早晨结束的时候，一位女老师给孩子们发了一封信，邀请家长参加一个信息会议。其中一名学生对老师说：

“别把信给我，我爸爸说参加这些会议是在浪费时间。”

有些家长很少参加这些会议。这给孩子树立了一个不好的榜样，同时传达了他们不重视孩子学业的信息。

参加家长会也是一种了解学校情况并提出相关疑问和建议的方式。

2.定期与老师面谈

孩子的老师每天花很多时间和孩子在一起，有时比孩子父母花的时间还要多。他很了解这个孩子，不仅在学业方面，还包括他的行为或与他人的关系。此外，在同更多同龄的孩子打交道时，老师能够告诉家长目前孩子在班里所处的位置，高于、等于或是低于平均水平。

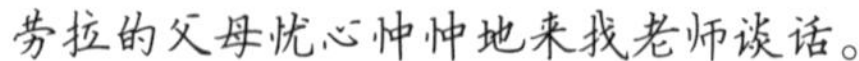

劳拉的父母忧心忡忡地来找老师谈话。

“我们不知道该怎么教育我们的女儿。她不怎么学习，我们确信今年她一门考试都不会通过。”

老师很惊讶地问他们：

“你女儿每天在学习上投入多长时间？”

“1小时，1小时30分。”夫妻面面相觑地说。

老师又说：

“你女儿的学习处于班里平均水平之上。根据你们的说法，她比大多数同龄的孩子学习的时间要长。放松点，别担心，别给她太多压力。”

作为专业人员和最懂孩子的人，无论他是否会提醒家长孩子遇到了问题，老师的意见都应当永远被家长重视。

你们放心吧，不用担心，
也不要给孩子压力。

一般来说，从孩子3岁开始，家长应该保持每3个月和老师碰一次面。通常，如果孩子没有任何困难，面谈不会提供太多的信息。然而，有些时候，老师们会在家长意识到孩子遇到困难之前就提醒他们。

3. 向老师反映情况

在某些情况下，家长应该向辅导员或老师反映以下问题。

如果孩子经常带着大量的家庭作业回家，那么他就必须花费比同龄人更多的时间在学习上，从而影响他们的空闲时间。

孩子是否有相当一部分家庭作业不能完成，或者需要父母的持续帮助。

在这种情况下，老师最好根据这些情况来调整孩子们的家庭作业，并在学校为其提供必要的帮助。

4. 在孩子面前支持学校的工作

一般来说，孩子在家里应该收到和学校一样的信息。在任何情况下，家长都不能当着孩子的面批评或贬低学校或老师的行为。那样的话，家长会让老师们失去孩子的信任，让孩子在长时间内受到伤害。

当出现问题时，家长首先要做的是直接联系学校或老师询问他们采取行动的原因。在大多数情况下，这些行为都是出于教育的目的，而老师们要在校园中解决不同的孩子在不同的情况下出现的各种问题。

因此，与学校保持联系并与其合作是家长必须采取的另一项措施。为此，我们建议：

参加会议；

定期与老师面谈；

向老师反映情况；

在孩子面前支持学校的工作。

提供直接帮助

正如我们在书中所描述的，3到12岁孩子的教学任务应由专业的老师来负责，而不是家长。

即便如此，家长也可以为孩子提供学习支持，同时应该考虑到以下几方面。

1. 帮助不等于替代

家长提供的帮助不能代替孩子自己的努力或老师的任务。它必须是有条件的：

理解或解释孩子必须完成的具体任务或活动；

帮助孩子或提醒他做作业需要的事先信息；

获取信息；

检查知识是否被吸收，例如，问孩子相关的问题。

2. 家长的帮助有可能让事情变得更难

当孩子在学习某种解题步骤时，比如解决数学问题、计算或学习画重点时，家长的帮助可能会让他更加混乱。

约翰在做减法时有很多的问题。他的父亲试图帮助他。

"让我们看看约翰…如果7减去3，还剩下多少？"他的父亲问道。

"不是这样的，爸爸。"约翰抱怨道，"不是7减去3，而是从3到7……"

"但这是一样的，孩子。"父亲想让约翰明白。

"减去和最后等于不是一样的……"约翰回答说。

最后，约翰说："爸爸，我现在更搞不明白了。"

3. 请求具体的建议

如果家长真的想在某一点上帮助孩子，最好是咨询他的老师，并要求孩子的老师非常具体地告诉他们在家里能做什么工作帮助孩子。

路易斯的父亲很担心，因为他的儿子仍然有一些阅读困难。他今天和孩子的老师谈过了：

“请您告诉我在家里能做些什么？”父亲礼貌地问道。

“每天和孩子一起读会书。”老师说。

“读……”父亲怀疑地说道，“好的，但我不知道他应该读多长时间，读什么书，当他犯错的时候我应该怎么做……”

老师对此表示理解，并说道：

“您是对的。我将为孩子准备一些在家学习的材料和建议。”

然后，老师给路易斯准备了一些每天要读的课文，还有一张纸，上面写了有关父亲应该如何使用它们的具体建议。

“请您使用这些材料。几周后，回到这里，我们看看结果如何。”老师建议道。

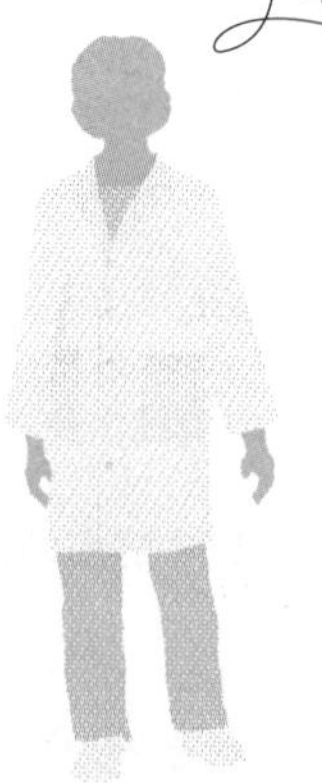

4.提供专业化的帮助

有些学习困难可能需要专业的帮助，比如阅读、写作或计算障碍。在这种情况下，家长必须在学校或其他地方寻找专业和有经验的人员来帮助孩子克服这些困难。

教孩子一些学习技巧

家长们可以一起教孩子一些学习技巧。那些更复杂的学习技巧则应该作为课程的一部分由老师或专家来教授。

然而，家长们确实可以帮助孩子学会其他学习技巧。制订学习时间表就是其中之一。此外，我们还建议家长们做到以下几点。

1.教孩子准备学习所需的用品

从孩子6岁起，家长们就可以教孩子如何准备自己的学习用品。这意味着：

培养孩子自己收拾第二天的背包的能力；

告诉孩子如何摆放他的笔记本；

在开展一项任务之前，教孩子准备必要的东西：书籍、字典、材料或作业说明。

今天下午，雨果必须利用欧洲地图做一项作业：他需要指出一些城市，并根据这些城市的人口数量给相应的国家着色。在此之前，他要准备好所有必要的东西：地图、水彩笔和练习的说明。而且，他和他的母亲在互联网上搜索了欧洲国家的居民数量和城市的位置。

2. 使用日程计划

家长可以与老师一起教孩子记录要做的家庭作业。孩子也可以养成在日历上记下未完成的作业或将要参加的考试日期的习惯。

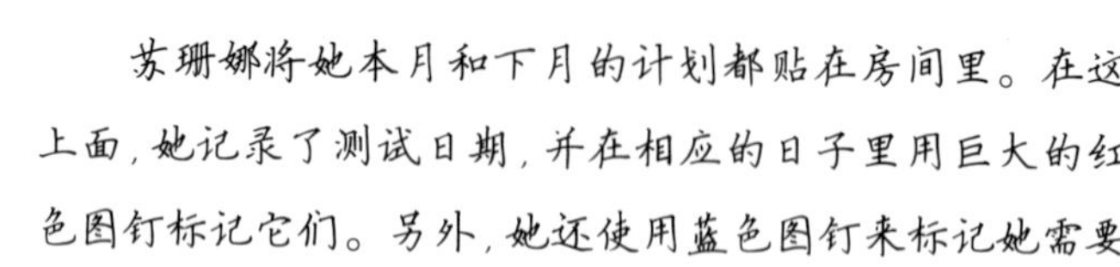
苏珊娜将她本月和下月的计划都贴在房间里。在这上面，她记录了测试日期，并在相应的日子里用巨大的红色图钉标记它们。另外，她还使用蓝色图钉来标记她需要交作业的日期。

家长可以让孩子习惯使用日程计划，但他们无须控制孩子，毕竟这是孩子的责任。

3. 有序地学习

家长也可以教孩子以有序的方式学习，也就是按照一定的顺序完成作业。

马克斯带回了一张家庭作业任务卡。这是一张由5列单词组成的卡片。他要用红色笔圈出所有用“b”写的单词，并用蓝色笔圈出那些用“v”写的。

马克斯没弄明白这项任务的规则，所以他完成得有点乱：他圈了一些以“b”开头的单词，用“v”标记了一些单词，而且他还漏了很多。

于是，他的父亲教他如何做得更好：

“我的儿子！我们先从第一栏开始找用‘b’写的单词，然后把它们圈起来……非常好！”当他开始这样做的时候，他的父亲表扬了他，“现在是第二栏……”

随后他的父亲继续说：

“现在我们要做的是圈出那些用‘V’开头的单词，看看第一栏的单词，圈出那些你能找到的，就是这样，非常好！”

4.搜索信息

有效的信息搜索是另一项学习技巧，家长可以采取多种方式同孩子一起去做。

搜索材料本身，利用标题、副标题或粗体字。同样，使用经常出现在教科书上的照片、图画和图形。

使用字典和百科全书来搜索信息。

使用最近的图书馆搜索信息。

可以教孩子如何在互联网上搜索信息：在选定的页面上搜索它，或者适当地使用“搜索引擎”。

5.教会孩子吸收知识

从8到9岁开始，孩子应该以一种更系统的方式学习，他必须吸收知识，并将其运用到考试中。

詹姆8岁了。明天他将进行第一次考试，考试的题目是“生物及其特点”。

孩子不知道如何学习，虽然这是学校的任务，但家长可以采取以下策略来帮助孩子：

用下划线等方式，勾画最重要的信息；

逐渐学会将知识分解成更小的部分；

在记住所学知识之前，要理解它们的含义，这样无论它们以何种形式出现孩子都能回答。

无论如何，我们都向各位家长推荐后面题为“教会孩子画重点、总结和学习”的实用章节进行练习。

6.教孩子一些考试策略

许多孩子会在没有事先规划的情况下进行笔试。家长可以教他一些考试的技巧，比如：

在开始回答之前阅读所有的测试题目；

先回答你知道答案的问题，并仔细阅读题目；

在第二轮中，回答你疑问最多的问题；

培养孩子交卷前检查答案的习惯。

玛尔塔今天考试了。

“考得怎么样？”妈妈到家后问道。

“嗯……我觉得还不错。”玛尔塔回答道。

“在你开始做题之前，读过所有的问题吗？”

“是的。”玛尔塔回答道。

“你是先从那些你会做的问题开始的吗？”

“嗯，尽管我今天差不多都会答。”

“交卷前检查好了？”

“没，没时间了。我答完刚好考试结束。”玛尔塔回答道。

简而言之，家长在家里可以教给孩子的学习技巧包括以下几点：

教孩子准备学习所需的用品；

使用日程计划；

有序地学习；

搜索信息；

教会孩子吸收知识；

教孩子一些考试策略。

加强其他方面

作为一种补充，家长可以通过加强其他方面来帮助孩子学习，帮助他温故而知新，并教他新的学习方法。

接下来我们将提到的这些方面都可以根据每个家庭的情况相应地进行加强。

1.文化参观

文化参观的范围包括博物馆、建筑、城市或历史古迹等，这些地方对每个人来说都是一笔财富，对孩子来说亦是如此。这是一个在学校里不太常有的机会，除非孩子住在一个大城市里。为了做到这一点，孩子可以利用当地的资源，到附近的城镇、郊区或度假胜地去参观。

孩子们非常热爱这样的参观，因为它们有足够的教育意义，而且时间一般不会太长。

2.参与文化活动

在社区或附近经常会举办各种文化活动，家长可以陪伴孩子参加，比如音乐会、展览或戏剧表演。电影也是一种文化，而不仅仅是娱乐。一些适合未成年人观看的电影给孩子提供了一个学习机会，并且能够使孩子有机会与家长就电影所呈现的内容和价值观进行交流。

3.接触新技术

总的来说，与在我们社会中的应用相比，新技术在学校的使用仍然是微乎其微的。

这是家长应该支持的一个重要观点。接触并学习新技术应该受到重视，要使它成为一种基本的学习工具，而不是一种玩具或娱乐形式。从7岁起，孩子就可以学习下面的新技术了：

界面的基本操作；

使用文本处理器和程序进行演示；

基本的互联网操作。

目前，在学校和专业教学机构都有学习这些工具的设施和服务。此外，也有专门针对初学者的在线互联网工具课程。

4.语言

掌握一种或两种外语是另一种加强孩子学习能力的选择。孩子的年龄在3到8岁之间是学习这些语言的最佳时期，当然，这需要孩子认真学习，而不是作为一种填充时间的方式。对于小孩子来说，他们通常在幼儿园中学习外语。对于年龄较大的孩子，也有一些在线课程可以学习外语。

5.培养阅读习惯

很明显，一个有阅读习惯的孩子会成为一个更好的学生。阅读习惯可以通过以下措施养成。

全家阅读。在这种情况下，家长的榜样作用是至关重要的。如果家庭成员没有读书的习惯，任何培养孩子阅读的努力都是徒劳的。因此，家长首先要树立一个好的榜样。

可以把阅读当作一种乐趣、一种娱乐，而不是一种义务。有时，在学校里，这种观点会被孩子遗忘，因为系统地阅读一本书对孩子来说更像是机械式工作。

那些与书籍或者阅读有关的一切都应该得到孩子的重视，例如，家长可以在特殊场合赠送孩子书籍。

6.培养音乐兴趣

在义务教育体系中，人们常会忽视音乐这个学科，尽管它成功地开发了孩子身上多个具有决定性的方面，比如情感、美学、语言、节奏、数学、历史等不同的认知能力。

鼓励音乐教育和提升音乐品位是目前主要应该由家长来完成的事情。在孩子表现出兴趣的时候，家长应该鼓励他学习音乐或学习一种乐器。

7.提高空间和感知能力

孩子空间能力的发展是应该得到加强的另外一个方面，可以通过绘画、拼图、填色或建筑游戏（盖楼游戏）等活动来开发。

8.开发认知能力

某些爱好或棋盘游戏可以促进孩子在学习方面的认知策略的发展，比如计划性或预见性，这些能力之后都会对孩子的学习有所帮助。棋盘游戏和娱乐活动尤其有利于提高孩子的认知能力，如：纸牌游戏、象棋、多米诺骨牌、字母汤游戏、迷宫、差异游戏等。

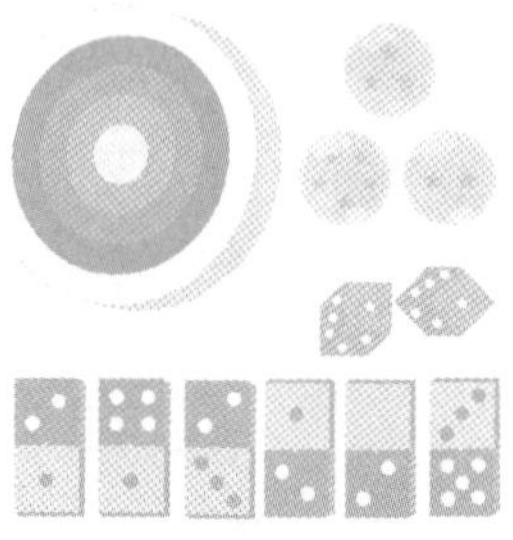

也有一些专门为激发孩子认知策略而设计的电脑程序和电子游戏。

9.进行体育锻炼

有句古老的格言说:“高尚的灵魂寓于强健的身体。”这句话在今天仍然适用。身体锻炼和体育运动能帮助孩子提高学习成绩。而家长需要通过合作来保证孩子的这一方面。

简而言之,我们已经向家长指出了可以支持和促进的一些内容,因为它们或多或少对孩子的教育产生了间接影响。我们再来梳理一下:

文化参观;

参与文化活动;

接触新技术;

语言;

培养阅读习惯；

培养音乐兴趣；

提高空间和感知能力；

开发认知能力；

进行体育锻炼。

保证孩子的心理健康

我们建议的最后一项措施是保证孩子的心理健康。孩子的学习效率与他的情绪紧密相连。一个开心、快乐、平静的孩子比一个忧心忡忡、悲伤或焦虑的孩子学习效率更高。下面是一些有效的措施。

1. 提供情感支持

家长如果不向孩子做出符合他年龄和性格的明确的情感表达，孩子就理解不了这些情绪。孩子应该感到家长的关心和爱护，家长可通过话语、小细节和具体的手势向他明确清晰地表达。

当孩子明确知道他的父母也彼此相爱时，他的情感支持就会得到完善。

2. 在家里营造一个宁静的氛围

这也有利于帮助孩子以必要的平静心态来面对学习。为此，这需要家长：

优先保证孩子和大家的交流，并为此寻找或创造时机，就像他们为自己感兴趣的活动腾出空余时间一样。

加西亚一家习惯于在不开电视的情况下吃饭。现在是谈话的时间，每个人都在谈论他们这一天过得如何。

尽量减少压力和紧张感。

确保以适当的方式解决冲突，而不是通过大喊大叫、伤人的评论或贬低、诋毁他人来发泄自己的坏情绪。要知道如何原谅，如何寻求解决困难的办法。

给孩子提供一个规律的日常生活，避免过多的改变。

3.不要要求孩子做超出他能力的事

这是一个复杂但必要的措施。家长可以要求孩子做他能做的事，但不要超越他的能力。因为这将使孩子陷入持续的挫败之中。从这个角度看，孩子的老师给家长提供的信息对他们给孩子提出要求来说是很有价值的。

4.保证一定的闲暇时间

学习是孩子生活的重要组成部分，但它们并不是唯一的。家长还必须确保孩子有时间玩，可以和其他孩子一起玩，或是玩他喜欢的东西。

休闲和娱乐时间不是一种特权，而是任何孩子平衡发展的必要条件。

我们来总结下这章所讲的内容，旨在为各位家长提供帮助孩子学习的一般措施，回顾如下：

（1）关注孩子的饮食、睡眠和其他方面；

（2）与孩子保持沟通；

（3）制订学习时间表；

（4）培养孩子良好的学习习惯；

（5）保障良好的学习环境；

（6）监督和表扬孩子；

（7）采取被动措施；

（8）与学校保持沟通合作；

（9）提供直接帮助；

（10）教孩子一些学习技巧；

（11）加强其他方面；

（12）保证孩子的心理健康。

第四章

孩子学习过程中的常见问题

有学习障碍的孩子是什么样的?

本章旨在解决家长在孩子的学习方面经常遇到的一些问题。

我们将重点聊一聊那些有学习障碍的孩子、那些只当着家长面学习的孩子、那些不想学习的孩子、那些做作业拖沓的孩子，以及那些学习成绩好的孩子。

对于每一个有问题的情况，我们将描述孩子的行为，以及影响孩子行为的一般因素，最重要的是，我们将提供帮助各位家长解决问题的行动指南。

下面，我们从有学习障碍的孩子开始。

丹尼尔9岁了，总的来说，他算是一个聪明孩子。然而，他却一点都不会读书：他读得非常慢，用手指读，不按照标点符号去读，犯了很多错误，最后，他几乎不知道他读了些什么。很明显，因为这个原因，他的成绩一直也不好。

老师们之前已经提醒过他的父母这个问题，但最近他们才开始担心。

很多学习有问题的孩子在家中都表现出了某种学习障碍。

有些时候，问题可能是轻微的。下面是存在这些问题的孩子的特点：

他们需要家长的帮助才能完成大部分的家庭作业；

他们经常需要额外的解释或更多的练习来吸收、理解知识；

尽管他们与家人一起在学习上付出了很大的努力，但往往还是无法取得进步。

还有一些时候，这些问题会更加严重。这些孩子会表现出以下几个特点。

他们在口头交流中表现出相关的困难：理解和/或表达的困难。

他们阅读、写作、计算或解决问题的能力明显低于他们的年龄应有的水平。

他们的智力水平低于同龄人平均智力水平的情况。这种情况主要指孩子有注意力和记忆力的困难，或者出现使用符号或逻辑推理的困难。

在其他情况下，这些孩子的学习成绩普遍落后，也就是说，远远低于他们目前所处的年级平均水平。

无论如何，当我们在学习中遇到任何问题时，首要任务是解决它。在大多数情况下，老师很快就会发现问题，通常在孩子5岁之前，并提醒家长。这通常都是有根据的怀疑，因为他们可以把您的孩子和其他孩子的学习表现和成绩相比较。

孩子有学习障碍，家长该怎么办？

如果问题不是很严重，只需老师在课堂上更严格一些或者家长在家里偶尔配合一下学校的工作就足够了。

如果家长事先得到老师准确且适当的建议，这种合作将会更加有效。

家长如何处理具体的困难呢？如果您怀疑您的孩子可能会出现一些严重的学习问题，我们建议您采取以下措施。

1.认真对待来自老师的信息

如果您孩子的老师提醒您说孩子有学习困难，您必须非常认真地对待这个问题。

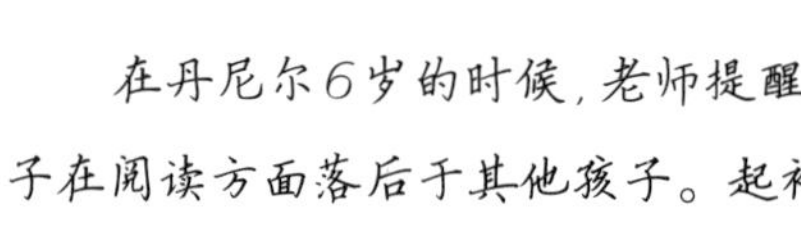

在丹尼尔6岁的时候，老师提醒他的父母说他们的儿子在阅读方面落后于其他孩子。起初，丹尼尔的父母告诉老师孩子在家里读得很好，但是因为老师一再坚持自己的说法，他们最终就责怪老师不会教书。

2.进行早期评估

如果您怀疑您的孩子有某种特殊的学习问题，就要尽早请专家为您的孩子进行一次评估，在学校或是私人诊所都可以。

最后，这所学校的辅导员对丹尼尔进行了评估，并告诉他的父母，丹尼尔患有阅读障碍。此外，他也有其他的困难，而且与他的阅读障碍有关。

3.进行适当的治疗

评估的最终目的是提供适当的教育治疗，当然这将由专家进行。在问题严重的情况下，由于困难的类型或持续的学习落后，孩子可能需要专家的持续帮助才能适应学校的某些课程。

4.加强与老师的沟通

在孩子患有学习障碍的情况下，家长应当加强与老师的沟通，以实现以下目标：

让所有参与解决孩子问题的人都能了解他的困难；

在可能的情况下，老师可以根据评估结果调整教学内容和活动；

与治疗孩子的专家保持一定的协作；

家长要在家中配合老师在一些方面对孩子进行具体明确的引导。

简而言之，由于家长经常面对孩子的学习问题，他们必须首先解决孩子可能出现的学习障碍，无论是轻微的还是更严重的。

只当着家长面学习的孩子是什么样的?

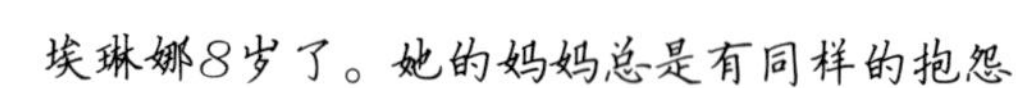

埃琳娜8岁了。她的妈妈总是有同样的抱怨:

“我不知道我的女儿这样我该怎么办。如果我不跟她坐在一起,她就不可能学习。只要我一离开她,她就会站起来,或者分心做别的事。”

这指的是什么?

这是许多家长不得不面对的一个常见问题。这样的孩子通常有以下特点:

家长不提醒或强迫,他们就不会坐下来学习;

除非家长和他们在一起,指导他们做作业,否则他们什么也不做;

他们需要持续的帮助;

如果让他们一个人待着,他们就会离开学习的地方,注意力不会集中,然后家长必须强行让他们回到座位上。

为什么会这样?

通常有两个因素导致这个问题的产生。

孩子养成了一个坏习惯。他们已经习惯了和家长一起学习,他们似乎不能单独做这件事。反过来,家长知道,如果他们不待在孩子旁边,他们的孩子就不会学习,如此往复,便形成了一个恶性循环。

孩子遇到了学习困难。此外,孩子可能会遇到学习困难,这也会阻碍他们完成学习。

孩子只当着家长面学习,家长该怎么办?

在8岁之前,孩子往往依赖家长,但这也是最容易纠正这个坏习惯的年龄段。

如果孩子有学习困难,按照我们在前面所述的措施,解决这些困难是各位家长的首要任务。

与此同时,家长必须帮助孩子养成良好的学习习惯,建议家长参考以下指导方针。

1.采取一般措施

首先,家长应该采取我们在书中一直提出的一般措施,特别是:

跟孩子交谈,明确告诉他从现在开始你们要教他独立学习,因为这对他有好处;

一位妈妈说道:

“埃琳娜,我觉得你已经长大了,你已经可以慢慢地独自学习了,对不对?”

“不,妈妈,我一个人的时候不会做题。”埃琳娜回答道。

“我会在必要的时候帮你，但你得习惯独自学习。”妈妈说道。

按照我们之前介绍的方法制订一个学习时间表；

尤其注意孩子的饮食、睡眠、视力、学习地点的环境条件，以及孩子的心理健康。

2. 教孩子一些基本的组织策略

这里指的是教孩子一些基本的组织策略：

记录他每天带回家的作业；

在学习之前让他做好准备工作；

让他准备第二天的背包。

埃琳娜的妈妈做的第一件事就是告诉埃琳娜：

“来，埃琳娜，你把所有的家庭作业都写在这个小本子里。”

最开始的几天，她的妈妈特别关注埃琳娜是否在用那个小本子。刚开始的时候，埃琳娜确实会忘了做这件事，但由于妈妈坚持要求，在两周内她就养成了这个习惯。

3.帮助孩子养成学习的习惯

虽然这一措施与我们为所有孩子提出的建议是一样的，但对于那些习惯在家长的帮助下才能学习的孩子来说，一些特别的措施是很有必要的。

最初，家长可以提前几分钟提醒孩子，告诉他应该准备学习了，并在必要的时候陪他一小会。

还差几分钟就到了约定好的学习时间了，埃琳娜的爸爸态度坚决地提醒道：

"埃琳娜，该学习了，准备好所有学习需要的东西。"

"等一下，爸爸！我要看完这个节目。"埃琳娜说。

"不行。现在已经到了该准备的时候了。"爸爸坚定地边说边关掉了电视。

"来吧！我和你一起学习。"

与孩子一起检查作业清单，并标记那些在没有家长帮助的情况下他们可以独自完成的题，让孩子先做这些题。

埃琳娜和爸爸一起回顾了作业清单，并标记了埃琳娜在没有帮助的情况下能够独自完成的任务。

"不，我不知道该怎么做！"埃琳娜说。

"不，你会的，这是我昨天教过你的练习。你只需要仔细看看这个数字。"爸爸耐心地帮助她。

家长可以让孩子在每完成两到三道题以后给自己看看他做的。家长不用纠正他，除非他做得很差。家长只是认可孩子然后鼓励他继续做下去。

前几周，孩子写作业时，家长可以陪在孩子身边，但不要直接帮助他。

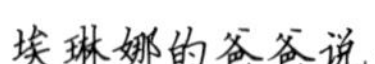

埃琳娜的爸爸说：

"开始先做我标记的你可以自己做的练习。如果你愿意的话，当你完成两道题时可以拿给我看看，我就坐在这里看书。"

每当埃琳娜完成两个练习后都会拿给她的爸爸看下作业本。她的爸爸看过了作业，鼓励她说：

"你做得很好，继续做另外两个吧。"

一旦孩子完成了他自己能做的事情，家长就可以帮助他处理一些有

一点困难的问题，前提是家长能做到。否则，如果问题超出家长的解决范围，就不值得他们自己解决了。

"我已经完成了所有自己能做的练习了，爸爸。"埃琳娜说。

"好的。试试其他的题目看有没有疑问，有问题的可以问我。"爸爸回答说。

几周后，埃琳娜独自使用了这个方法来学习，所以她只需要在最后几分钟里让她的爸爸帮助她解决最复杂的题目。

如果家长不断地重复这个过程，孩子就会把它内化，在学习的时候可能就不那么依赖他们了。因此，让我们来帮各位家长记住我们刚提出的措施：

在孩子开始学习的前几分钟提醒他；

和他一起检查作业清单，并标记他可以在没有帮助的情况下独自完成的题目；

让孩子从他自己能做的题目开始；

在孩子旁边陪着，但不提供直接的帮助；

每当孩子做完两个练习，让孩子把写好的给你们看下；

帮助他完成剩下的任务。

不想学习的孩子是什么样的?

基克已经10岁了，他正在复读。

最近，关于他学习的讨论一直不断。他的妈妈撞见他在玩电子游戏，于是问他：

“你没有作业吗？”

“没，我在学校里已经做完了。”基克边玩边回答道。

“你也没有什么其他可学习的吗？”他的妈妈接着问道。

“没有！我没有什么可学习的。”基克回答道。

“你从来都不用学习……去年你就这么说，看看你的成绩。”他的妈妈再次责备他。

基克生气地回答道：

“你知道吗，我不喜欢学习，我不想学习，我不要再学习了！”

出现这种现象的孩子的年龄越来越小，家长必须正视这种情况。

在我们看来，一个9岁或10岁的孩子不愿意学习是一个极其严重的问题，必须紧急处置。

在这么小的年龄就放弃其第一个义务，对于孩子的其他行为意味着很大的风险。

当我们谈论那些不想学习的孩子时，我们指的是出现下列特征的孩子。

他们总是找各种借口不去学习，要么说没有作业、没有考试，要么说他们已经知道了。

学习的结果通常是负面的说明孩子并没有在学习。

他们在学校的行为通常是不合适的：不理睬别人、不努力或者总打扰别人。

另外一些孩子，就像基克，虽然他们还在继续上学却公开表示不想学习了。

这些孩子并没有任何智力问题可以解释他们这样的态度。

以下是一些与此情况相关的条件，以及一些对此产生影响的因素：

很明显，孩子还没有养成学习的习惯；

家长方面很少跟进；

孩子的生活是无序的，其家庭环境通常充满压力；

教育方式、家庭规矩和有效约束水平是不恰当的；

这些孩子缺乏努力和延迟满足的能力；

有时，孩子也存在未解决的情感问题。

孩子不想学习，家长该怎么办?

这是一个本应避免的问题，但如果它已经存在，我们建议家长实施以下策略。

1.家长改变一些态度

作为家长，如果您有任何不恰当的态度，请立即改变它们，尤其要注意如下几点。

密切关注孩子的学习情况，避免出现问题责怪他人。

别被您的孩子骗了。只要您愿意，很容易知道孩子是否真的有家庭作业、考试或者学习成绩好坏。您需要做的就是多和孩子的老师谈谈，定期检查他的作业本，或者打电话给其他家长。

必要的话，改变孩子和家庭的日常生活习惯。家长需要重新审视自己的优先事项，并且要抱有恒心。

提高孩子的努力程度。如果他习惯了在没有任何努力的情况下就能得到想要的东西，那您必须改变这种情况。

2.和孩子的老师谈谈

老师们会告诉您孩子的表现并指出他的问题，也可以正确地指导您并提供解决问题的方法。

3.跟孩子聊聊

与孩子交谈有助于了解他不想学习的原因。同样，家长要有信心和足够的决心，要让他清楚地认识到停止学习是没有商量余地的。这是他目前的责任，他必须承担。家长可以向孩子提供帮助并且争取他们的合作，以便家长做出的决定尽可能地与孩子达成一致。

4.治疗学习障碍

一般来说，厌学都伴随着学习障碍或者严重的学业落后。因此，必须按照我们在上面所讲的方法同时处理这两种情况。

5.不要试图“收买”孩子

不要跌入诱惑陷阱，去“购买”孩子的责任。通过承诺奖励他来换取他好好学习，不仅不会让这种情况有所好转，而且还传达了一个信息：学习是你们要求孩子帮的忙，而不是对他有益的事情。

6.制订一个学习时间表

这些孩子的第一个目标是逐渐养成学习的习惯，每天至少要投入最低限度的一段时间来学习。

最初的几周让孩子在学习上投入相对短的时间，可以根据孩子的年龄，每天安排15分钟到30分钟左右的学习时间。

每过两周将学习时间增加约15分钟，直到孩子达到预期年龄学习的标准时间。

7.养成学习的习惯

一旦您制订了时间表，就要开始培养孩子的学习习惯：尽可能在同一时间开始学习、为学习做准备、避免干扰等。

8.监督和表扬

请监督您的孩子是否有效地利用了学习时间。当他按计划进行时您应该表扬他，并对他的进步表示满意。

9.如果孩子不学习就采取行动

当孩子不遵守约定，不学习时，家长必须采取行动。家长不能让孩子什么都不做，一切保持不变，甚至让孩子从这种行为中获利。

家长可以采取以下措施。

在规定的学习时间内不允许孩子有其他替代活动：比如玩游戏、看电视或外出。

短期内取消孩子的一些特权。注意不要等太久再让它生效，也不要做出徒劳的威胁。简单地告诉孩子"取消你星期天的娱乐活动"，采取减少那些对他有吸引力的活动，不让他使用电话或其他类似的措施。这样做的目的不是要伤害孩子，而是要证明给他：不履行义务意味着要承担后果。

10.加强与学校的沟通

当孩子处于这种情况并且家长决定进行干预时，你们需要与孩子的老师加强沟通。这样做的目的是了解孩子的改进和反应，并寻求具体的帮助：在家里可以做什么？是否需要采取特殊的治疗手段？

11.如果以上都不奏效，请咨询专家

如果，在尝试过上述所有办法之后，孩子仍然拒绝学习，或者，作为家长，你们无法采取这些措施，这时就必须去咨询经验丰富的专家，请他们对这种情况进行深入的评估。

简而言之，我们刚刚就那些有辍学态度的孩子的特征进行了详细的描述。

我们还提出了改变这一状况的指导方针，以下是我们的总结：

家长改变一些态度；

和孩子的老师谈谈；

跟孩子聊聊；

治疗学习障碍；

不要试图“收买”孩子；

制订一个学习时间表；

养成学习的习惯；

监督和表扬；

如果孩子不学习就采取行动；

加强与学校的沟通；

如果以上都不奏效，请咨询专家。

做作业拖沓的孩子是什么样的？

在有学习障碍的孩子中，这是另一个常见的情况。

我们指的是具有以下特点的孩子：

他们作业做得很认真，但速度很慢；

他们需要花比其他人更多的时间来完成作业，所以他们几乎整个下午都用来做作业；

在其他情况下，他们很容易分心或频繁中断学习时间；

此外，他们是需要持续帮助的孩子；

有时他们会出现特殊的困难；

他们对学习的投入意味着他们不再享受其他必要的活动，如游戏、运动或与他人的交流。

对娜塔莉亚来说，下午的学习是一场噩梦。对于她的父母来说也是这样。她很早就开始学习了，但很少能在晚餐前结束。她的妈妈解释说：

“她做什么都太慢了，做作业更慢。而且，任何事情都能让她分心。”然后继续说道，“如果她在做作业的时候看电视，就会忘记做作业。如果她回自己的房间学习，很容易被其他事情分散注意力，然后就做别的事情去了。

她的妈妈哀叹道：

“我很痛心孩子没有足够的时间去安安心心地玩，但她的学习终归是第一大事。所以，我有时想是不是她的家庭作业太多了。”

出现这种情况通常与下列情形有关。

他们没有学习的时间限制；学习结束的标准通常是“作业做完了”。

为了让他们更舒服些，他们学习的地方附近经常有让他们分心的东西，比如玩具和电视。

他们通常缺乏有序和系统的学习方法。

他们在短时间内经常重复做的要比很长时间才做一次的事情上表现得更好。

孩子做作业拖沓，家长该怎么办？

我们对于这些孩子家长的建议如下几点。

1.评估孩子的问题

正如我们在这个问题的第一部分所指出的，家长首先要做的是评估孩子是否有任何特殊的困难，并采取适当的措施。

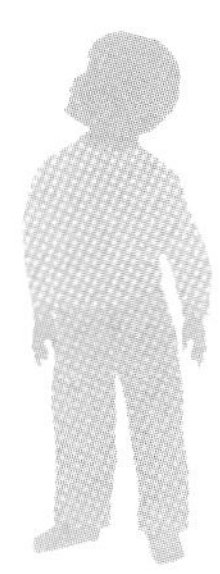

2.和他的老师谈谈

在评估的同时，家长还必须与孩子的老师讨论你们遇到的困难，以便他们加入一些改正的措施，比如：

考虑下孩子带回家的作业量；

不必总抄写关于活动的说明；

学习不总是停留在“铅笔和纸”上；

根据孩子的实际能力水平调整活动类型。

3.遵守孩子的学习时间表

孩子必须有一个学习时间表，正如我们在一般措施中提出的那样。对于行动拖沓的孩子，参考时间可能会延长一点，但学习必须有限定时间：开始时间和结束时间。有一个固定的结束时间是很重要的，即使到了结束的时间孩子还没有完成作业。时间的限制会提高孩子的学习效率。

一般来说，必须保证孩子的空闲时间。根据规则，孩子不可以一周都没有空闲时间。

4.短时长

每一种情况都是特殊的，但如果孩子适合在相对较短的时间内学习，那么要求他们每完成一个或两个练习就给家长看下他的作业会更有效。这么做并不是要家长批改他的作业，而是一种有效安排孩子学习和休息的好方法。

5.教会孩子一些学习技巧

我们提出的学习技巧将帮助这些孩子合理安排他们的学习，准备必要的物品，执行学习计划，学习如何有计划地学习。

6.采取其他的一般措施

最后，与孩子一起采取我们提出的其他一般措施，特别是注意学习环境，以减少干扰。

学习成绩好的孩子是什么样的？

最后，我们来聊聊那些在学习时效率很高的孩子，但他们并不总是完美无缺的，他们往往有其他困难。

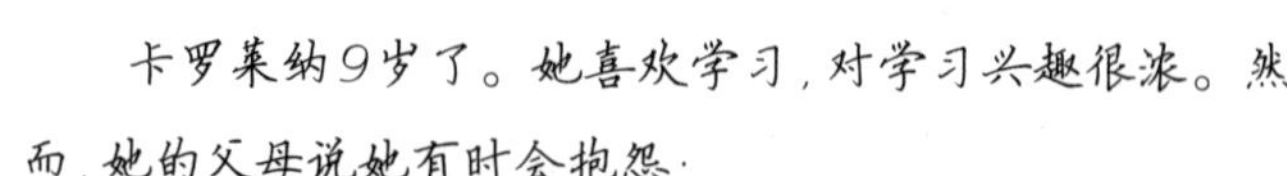

卡罗莱纳9岁了。她喜欢学习，对学习兴趣很浓。然而，她的父母说她有时会抱怨：

“我不知道这么努力学习是否值得，最终每个人都通过了考试。”

然后卡罗莱纳继续说：

“老师们最关心的是那些什么都不做的孩子。他们只需要付出一点努力就会得到称赞和鼓励。但是像我们这样每天学习的人永远不会被认可。”

她的父母试图淡化这件事，因为，正如卡罗莱纳所说，她确实不需要那么努力：

“卡罗莱纳只需要在前一天下午复习一下，就能在考试中取得好成绩。”

在这里，我们指的不是那些有天赋或有能力的孩子（本书不讨论关于这些孩子的情况），而是那些表现出以下特点的孩子：

他们的学习效率总体上高于他们班级的平均水平；

他们对学习和学业有着浓厚的兴趣；

虽然他们可能在某些领域有特殊的能力，但整体上他们并没有超越常人的智力；

他们是在学习上坚持不懈的孩子，懂得努力并具备责任感。

他们可能会遇到的困难。这些孩子和他们的家长遇到的困难通常如下：

他们并不总是因为他们的努力和成绩而受到应有的重视；

他们并不总是养成使他们在未来受益的学习习惯，因为他们更在意特定的时间所做出的努力；

如果他们对学习的渴望长期没有得到充分的回应，最终就会对学习失去兴趣，或者只满足于最低目标；

这些孩子时常与他们的同伴产生矛盾，要么不合群，要么成为被嘲笑或拒绝的对象；

在内心深处，他们并不愿充分发挥自己全部的能力。

卡罗莱纳的父母补充道：

“我们担心的是孩子因为没有养成良好的学习习惯从而失去对学习的兴趣。”

孩子学习成绩好，家长该怎么办？

对于这类孩子，我们向家长提出的措施如下几点。

1. 告诉他们必须履行学校的责任

首先，家长必须传达一个信息，即孩子必须履行自己在学校的责任，并继续学习，尽管有时他们会提不起学习的劲头。

卡罗莱纳的妈妈说：

“几年前，我们和女儿相处得很糟糕。她拒绝做任何用‘铅笔和纸’的作业，因为她说她已经厌倦了写字和抄写。”

“我们必须严肃地对待她，她才会继续学习。”她的爸爸补充道。

2.养成学习的习惯

家长必须确保孩子养成学习的习惯，每天花时间在学校学习。为了做到这一点，孩子可以通过收集其他信息来加深自己对这些内容的兴趣。

3.加强其他方面

正如我们在一般措施中指出的，家长可以在家庭内部加强孩子的其他方面，无论是他们的兴趣，还是家长为他们提供的东西：文化活动、音乐教育、语言、学习不同的计算机应用、绘画技巧或从事某项体育运动，同时不可以放弃他们的基本学习责任。

4.指导他们的社会关系

家长还可以教孩子如何更好地被别人接纳、避免或处理好与同学的冲突，而不影响自己的效率。

"有时孩子抱怨她的同伴取笑她或者叫她'屌丝'。"卡罗莱纳的父母说。

"我们教了她一些技巧，比如说客套话，帮助别人学习，有时适当地无视他们的嘲笑。"她的妈妈补充道。

5. 让学校意识到孩子的情况

家长应该通过适当的渠道，如果可能与其他家长一起，让学校逐步对这些孩子的处境有所了解，这样校方就能采取符合这些孩子特点的教育措施了。

卡罗莱纳的父母连同其他处于同样情况的孩子父母一致同意在家长与班主任的会议上讨论这个问题。老师理解了他们的不安，并决定采纳家长提出的一些建议。

在卡罗莱纳的案例中，我们结束了这个主题，这个主题旨在解决许多家长在孩子的学习中经常遇到的一些问题。具体来说，我们都了解了：

有学习障碍的孩子；

只当着家长面学习的孩子；

不想学习的孩子；

做作业拖沓的孩子；

学习成绩好的孩子。

第五章

结 论

总结

本书讲的是大多数家长关心的问题:如何帮助孩子学习。

我们在这本书开始的时候,首先提出了初步思考并表达了我们的想法,指出了个人和其他因素决定了孩子对学习的态度和表现。

在本书的第三章,我们提供了12个实际的具体措施,让家长能够从家庭方面帮助他们的孩子在家学习。这些措施是从大多数家庭的实际案例中得到的经验。

我们将以一些家庭在孩子的研究中最常见的问题来结束这个话题。

我们一开始就说,家长不是教育的专业人员,因此他们不应该为孩子学习的内容负责。然而,家长应该重视我们提出的观点,以及牢记家庭的作用是不可替代的。

我们还建议家长做到防微杜渐。这就是为什么我们大多数措施都是在孩子很小的时候就建议家长采纳的,因为从3岁起,家长就应该培养孩子的责任意识和学习习惯。

了解更多

我们希望您喜欢这本书，最重要的是，它能够在家庭作业等重要的方面引导您去帮助孩子。

我们邀请您通过实践练习来完成对本书的学习。首先，我们提供了“家长提问”的环节，这将有助于澄清一些内容，让更多家长了解他们必须正视的其他问题。其次，这些练习是以问卷的形式呈现的，这些问卷将对家长有实际的帮助。最后，本书还可以用来帮助孩子学会画重点、总结和学习。

此外，如果您对孩子的教育和发展的其他方面感兴趣，我们邀请您阅读“解决孩子成长难题的八堂国际训练课”丛书中其他的书籍，以解决您所关注的问题。这些书的风格和形式都是一致的。

关于本书所讨论的问题，我们建议您阅读《第五堂课·如何让孩子学会遵守纪律》和《第二堂课·如何正确纠正孩子的不良行为》这两本书。

我们衷心希望本书能帮助您成为更好的家长。

第六章

家长提问

家长提问

在这一章中，我们将努力回答家长经常提出的关于孩子学习的问题。这是一种有助于在特定情况下深化我们前面所讲的内容并使之具体化的训练。

在为孩子选择学校时，家长应该把什么作为标准？

当家长为孩子选择学校的时候，应该重点考虑以下几点。

（1）学校的教育项目与家长的价值观、个人理念以及对教育的想法相契合。

（2）学校的组建是否按照教育标准组建。

（3）学校是否提供双语教学？是否将新技术应用于教学和学校提供的其他活动中？这也是一个选择标准。

（4）每个班老师和学生的比例。

（5）孩子可能需要的设施以及学校提供的配套服务，比如：餐厅、交通……

（6）学校配备的人力资源：专家教师、助教、教育家或心理学家。

（7）学校的位置临近住所或家长工作的场所。

为了在孩子入学之前了解这些信息，我们建议家长采取下列策略。

（1）和其他已经在这里上学的孩子的家长聊聊。

（2）在开放日访问该学校，或向学校的领导层申请家长会来获取必要的信息。

（3）查阅该校的网站或学校印制的宣传手册。

我们的女儿11岁了，每天下午她都找借口说没有作业。如果她没有作业，我该怎么要求她学习呢？

8岁以上的孩子没有家庭作业是不寻常的。因此，我们建议家长做到以下几点。

和她的老师谈谈，确认她是否真的没有作业。

和她一起检查笔记本：那上面通常可以提供一些信息，有老师的批注，这可以帮助您评估您女儿在课堂上的学习情况。

如果您怀疑女儿在找借口不学习，和她班里同学的家长谈谈，只需要打个电话就能确定她到底有没有家庭作业。

无论如何，总有作业可以做。

阅读和吸收课上学习的内容。

画重点、总结、吸收和复习课题。

复习那些对她来说可能比较复杂的知识，再做一次已经批改过的练习。

我们的儿子学习很努力，在家里也很认真地学习那些单元，但他没有通过随后的考试。这是为什么？

这种情况可能源自多种原因，其中最常见的有以下几点。

（1）在考试中，孩子必须在没有任何外界帮助的情况下独自面对考试。有些家长认为他们的孩子已经掌握了学习内容，但事实并非如此。

当他们在家复习时，家长会无意识地向他们提供帮助，比如手势或讲解题目，而这些帮助在后面的考试当中是没有的。

（2）还有些孩子的效率很低，考试的时间对他们来说是不够的：他们写得很慢，是完美主义者，需要时间去思考和决定，组织能力不够好……

（3）另外一个孩子在考试中表现欠佳的原因与理解障碍有关。孩子可以记住一段文字也可以回答家长提出的问题，但是当提问的方式有所改变时，孩子就不知道该如何作答了，因为此时他们看不懂问题了。

（4）也有一些孩子，他们行事仓促，不阅读题目说明就冲动地作答，所以他们会犯更多的错误。

（5）有些孩子在书面表达方面有障碍。

（6）另一个原因通常是孩子缺乏应对书面测试的策略。他们不是先回答主要的题目，而是一个接一个地解决小题，在最困难的题目上浪费太多的时间。

（7）最后，有些孩子面对考试场景时会表现出无法控制的焦虑和恐惧，这让他们的效率比在家里放松的状态下的要低得多。

最好是与他的老师一起商量，以采取适当的措施。

我们的儿子表现很好，他很快就完成了作业，还向我们要更多的作业。我们该怎么应对？

首先，你们必须确保孩子对学校作业的投入不会妨碍他进行符合自己年龄的其他活动，比如玩耍、与其他孩子和他的家人联络感情、做运动，并遵守常规的作息时间：洗漱、吃饭和休息。你们可以参考我们为每个年龄的孩子日常学习提供的建议时间。

如果孩子的其他活动已经能够保证，孩子还希望适当地利用这段学习时间，我们建议，根据孩子的年龄，进行以下练习。

寻找与孩子正在研究和感兴趣的话题相关的信息，然后让孩子对它们进行阅读和深入研究。

享受阅读。

根据孩子的喜好，鼓励他写作，包括：日记、短篇故事、散文、报道……

加强孩子那些平时较少刺激到的认知能力。可以使用专项练习本来加强孩子的逻辑推理、数学推理、空间定位、注意力、记忆力等能力。

学习如何把电脑作为学习工具。至少学习如何操作系统、文本处理器和演示程序。

通过计算机应用、视频课程或适合孩子的在线课程，提高孩子在学校学习的外语水平。

在任何情况下，请先咨询孩子的老师或他学校的教导人员，以便他们给你们提供最好的建议。

我们的儿子7岁，患有多动症。这本书的建议对我们有用吗?

一般来说，这本书中提出的建议也适用于患有多动症的孩子，但是这也取决于每个孩子的个人情况。

首先，需要两个基本条件。一方面，校方正在根据孩子的情况调整教学活动的内容和数量、类型和难度以适应他们的能力。另一方面，如果有必要，孩子需要接受药理治疗。

当这些条件得到满足时，家庭学习可以得到更多的保证。在任何情况下，相比其他孩子，这些孩子的家长必须更注意以下方面。

（1）注意孩子学习的环境条件，孩子的学习场所不可以有任何让他们分心的东西。

（2）他需要更多的监督。在某些情况下，你们必须更加关注他。有的孩子,你只需要陪伴他就好,在他需要的时候指导他。你们必须把注意力集中在对孩子的鼓励和表扬上。

(3)安排他的家庭作业,让他适当地休息一下。患有多动症的孩子在处理许多连续的活动和长时间集中注意力方面存在困难。例如,如果孩子必须做5个运算,家长不要逼着他一次连续做完所有的。让他每做好一个就给你们看一下,然后再进行下一个,如此往复。同样,让孩子每隔5到10分钟休息一次,甚至可以更频繁一些。休息时间应当短一些,用来展示他做好的题目、喝水或者去趟洗手间。

(4)限制学习时间。学习的时间不可能是无限制的:它必须有开始和结束的时间,当这个时间结束,即使孩子的任务还没有完成,也不应该再继续拖延。

(5)制定规则,采取措施。必须充分利用学习时间。如果孩子不守规则,家长应采取下列措施。

在学习时间,不允许孩子做其他活动。

如果孩子不抓紧时间,家长要使用"剥夺特权"法。

另一方面,当孩子按时完成了作业,你们一定要祝贺他。

我儿子5岁了,他可以开始培养学习习惯了吗?

在6岁之前,您可以逐渐培养孩子的学习习惯。对于那些低于这个年龄的孩子来说,要注意两件事。

(1)慢慢地,要让他习惯投入一定的日常时间来处理"学校的事情"。或者说,一段时间用来进行其他活动,如:玩耍、去公园、吃东西或者洗漱。这段时间可能很短——通常可以根据孩子的意愿进行安排——一般在15到25分钟之间。

(2)确保孩子在这段时间是积极的,为他提供有吸引力的活动。你们必须尽可能避免强迫或让他长时间从事他不喜欢的活动。

对于3到5岁的孩子，我们通常建议进行以下活动。

面对面给他讲故事书，给他看插图和人物，教他如何打开书，从哪里开始看，如何翻页等，并且向他提一些问题。

和孩子一起浏览其他儿童读物，如插图字典或少儿百科全书。

让孩子玩一些儿童益智游戏，比如找两幅画之间的区别，追一部儿童系列剧，玩填色游戏等。

建议经常进行一些手工活动，如橡皮泥、剪纸、制作纸球、用网格参考临摹画、儿童迷宫、拼图等。

无论如何，最好的办法是咨询孩子的老师，并请他提出适当的活动。

当暑假来临的时候，孩子还必须遵守学习时间表吗？你对孩子的假期安排有什么建议？

当暑假到来的时候，孩子的日常生活会发生很大的变化，当然孩子的学习时间也会受到影响。

假期是享受休闲、运动和户外娱乐的好时机，当然，如果有机会的话，孩子也可以去旅行，享受更多的家庭生活。这也是一个培养孩子个人自主性的好时机。

在学习方面，孩子不需要保持像上学时那样的时间表和学习习惯。如果孩子在家里或其他地方能够待上一个多月，我们的建议如下。

可以规定一段比上学的时候要短得多的时间来进行一些学习。老师通常会为这段时间的学习推荐并提供相关材料，如果没有，家长可以在课程结束前向老师申请。

不管怎样，还是可以找到适合各个年龄段孩子不同的暑假作业本。

也可以利用其他的材料来提高孩子不同的认知能力，如注意力、记忆力、逻辑推理能力或空间感知能力。

假期是鼓励孩子阅读的好时机。

假期也是一个学习如何把电脑作为学习工具的好机会。

这是一个让孩子提高他在学校所学的外语水平的好时机。

如果你们去度假，最好的办法就是享受这种经历给你们带来的所有好处，并利用假期进行一些文化参观。

我们的女儿4岁了。老师说她有学习困难，但我们在家里并没有注意到这点。我们该如何说服老师，孩子没有问题？

一般来说，当老师提醒您孩子出现学习困难的时候，您必须认真对待。与家长不同的是，老师与一群年龄相仿的孩子相处，可以对这群孩子进行比较。反过来，如果老师有若干年的经验，就会知道孩子们在每个年龄段的平均水平。

因此，如果老师警告您，孩子可能有困难，那是因为他发现您女儿的表现不如班里其他孩子。

在任何情况下，都要记住，老师的提醒是为了警告孩子出现的困难，以及要求家长合作来共同解决孩子的问题。

和老师谈谈，让他具体说一下都发现了孩子有哪些困难，然后一起采取措施来帮助您的女儿。

我们什么时候应该给儿子雇一位家庭教师？

孩子有一个家庭教师只是一种临时措施，因为在学习上，他应该持久发挥自主性。然而，在某些情况下，找一位家庭教师也是可取的，比如下列情况。

当孩子在某一科目严重落后时，他需要补习在过去的几年里学习的内容。我们设想一下一个六年级（12岁）的孩子，他的数学成绩只有三年级（8岁）孩子的水平，或者是一个8岁的孩子，他才开始学习阅读，在这些情况下，他必须学习现在所处的年级已经不教的内容，这时可能需要一位家庭教师。

对于那些没有良好的学习习惯的孩子来说，这个方法可能也是有用的，家长希望他们每天都投入一定时间到学业上。有时一个“中立”的人会让事情变得更容易；家长并不总是孩子的好老师。

最后，当家长没有时间陪伴孩子学习时，家庭教师也不失为一个合适的选择。

“家庭教师”的作用应该是监督孩子；教他安排学习的策略，采取正确的学习方法有序地学习并向他解释过去几年他学习上遇到困难的那些内容。

我们8岁的女儿不知道如何处理她带回来的大部分家庭作业，最终都是由我们来完成的。这是正常的吗？我们该怎么做？

原则上，如果孩子不会做大部分的家庭作业，这是不正常的。

在这个年龄，作业是对于课堂上学习和讲解内容的训练，是一种温故的形式。但它并不一定要求孩子知新。

因此，作为一般规则，大约80%的孩子拿回家的作业（每5个练习中有4个）是孩子应该在没有帮助的情况下能够自己完成的。让家长来做的话，作业就没有任何意义了。

在任何情况下，家长都应该与孩子的老师沟通，这样他们就可以把作业难度调整到您女儿能够适应的水平，以便这些作业能够真正达到训练和强化的目的。

我们的儿子学完以后就什么都不记得了，他该怎么办？

这是许多家长经常抱怨的问题。对于一个孩子来说，若想他记住正在学习的内容，必须满足3个条件：

（1）理解和明白他正在学习的东西；

（2）把它和之前学过的内容联系起来；

（3）让孩子努力记住它。

您儿子的情况和许多孩子遇到的情况一样，问题的原因可能是：

他不明白他学的是什么；

他无法将正在学习的内容和之前所学的知识联系起来；

没有努力去记住这些内容；

学习方法不正确。

在这些情况下，我们建议采用一种类似于在后面我们将会讲到的"画重点、总结和研究"的步骤，因为它要求在吸收信息之前理解和整理信息。

过一段时间，如果孩子的问题依旧存在，您应该请专家评估他的认知能力和之前学到的知识，以发现他的长处和弱点，并采取必要的措施。

我们儿子的问题是他不怎么努力，做什么事情都是动不动就会疲惫。我们该怎么办？

孩子努力的能力很难去衡量，这取决于年龄和活动类型。如果他们对待所有事情都容易疲惫，不单单是学习，那么更让人怀疑这是孩子后天养成的一种态度。

排除任何健康方面的问题，在大部分情况下，孩子缺乏努力的原因来自家长不恰当的态度，比如孩子没有做任何努力，家长就为他们提供东西或满足他们的要求。

家长在学习方面鼓励孩子是为了让他们在其他所有方面都取得进步，而不仅仅是在学业上。为此，我们建议家长做到以下几点。

培养孩子的自主性。不要帮他做任何他这个年纪可以自己做的事情，比如：穿衣服、收拾自己的东西、帮忙摆好桌子、打扫自己的房间、倒垃圾……

无论是在家里还是在外面，都要让他适当承担属于他的责任而不要去替他承担这些。

不要把他所要求的一切都给他。尝试着逐步延长孩子的等待时间，在某种程度上，“让他去赢得想要的东西”。

在学习的具体方面，这些孩子可能需要家长将时间分成较短的区间。虽然最后他们一定会投入他们这个年龄应该投入的时间，但也要让他们在短时间内分次投入，每隔10到15分钟休息一次。

最后，注意孩子的睡眠。如果疲劳与孩子睡眠不足有关，那就想办法补救。

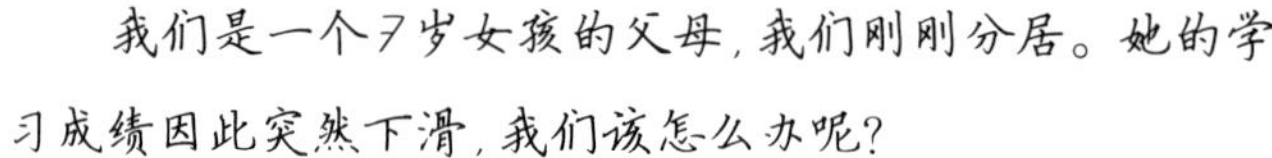
我们是一个7岁女孩的父母，我们刚刚分居。她的学习成绩因此突然下滑，我们该怎么办呢？

显然，家长分居是一种情感状态，它严重影响着孩子生活的各个方面，当然包括她的学业。正如我们所指出的，学业与孩子的心理健康是息息相关的。

虽然家长分居是一个广泛而复杂的主题，但我们仍然可以推荐一些可以帮到你们的措施。

（1）首先，和孩子谈谈，让她清楚地知道你们不再是伴侣了，但仍然是她的父母，你们将继续照顾她。

（2）确保孩子与你们以及其他家人保持联系。

（3）重要的是，孩子的生活方式尽可能地保持延续性，以便她能更好地适应。因此，尽量减少变化。

（4）你们要永远珍惜彼此，传达出对方的重要性，并表现出维持关系的必要性。

（5）在孩子教育方面遵循共同的教育指导方针和标准，避免过于宽容或过分保护。

（6）你们均要保持与学校的沟通。

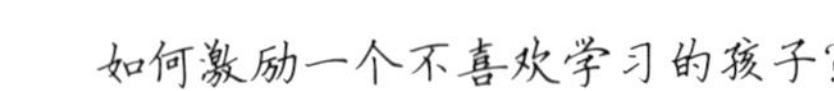

如何激励一个不喜欢学习的孩子？

这是家长和教育工作者经常问的问题。我们的建议如下。

（1）首先就是弄清楚孩子真正不喜欢学习的原因是什么。有些孩子不喜欢某些科目或作业，例如，“铅笔和纸”的任务。所以，通常有一些东西是孩子不会拒绝的。

（2）其次，你们必须知道孩子是否有能力处理你们建议他做的事情。有一些孩子有一定的学习障碍，这会阻碍他们处理那些交给他们的任务；他们因此会感到沮丧然后就放弃了。因此，使孩子的学习任务与他们的能力水平相适应是一种激励他们的方式。关于作业，正如我们在其他章节指出的那样，大多数的题目应该是孩子在没有帮助的情况下能够独立完成的。

（3）传递关于学习的积极信息：让孩子意识到学习的价值和意义，什么是完美的作业。而不仅仅向孩子传达学习的负面信息，让孩子认为学习是一项繁重的义务。记得表扬他们的作业和小成就。

（4）培养孩子学习的习惯。当孩子每天花在学习上的时间被纳入日常作息的时候，他们就更容易适应了。

（5）你们也应该教孩子意志力的价值：因为并不是我们面对的所有事情都是必须有动机才会去做的；有时你做一件事，只是因为你必须这样做。

最近，我们带着10岁的儿子去看心理医生，医生告诉我们孩子“智力受限”。这指的是什么？它如何影响孩子的学习？

“智力受限”的孩子是一个特殊的群体，他们很少得到应有的关注，因为他们被安置在一个我们可以称为“无人地带”的地方。

有些孩子，他们的智力水平比平均水平低，但又不符合智力障碍的标准。如果量化起来，这些孩子的智商在71到84之间；正常孩子的智商在85到115之间。

这些孩子的学习特点各不相同，但往往会对他们的学习造成很大的影响。一些常见的特征如下。

他们在处理抽象概念或逻辑和数学推理方面会遇到更多的困难。

相比正常的孩子，他们通常需要在学习上付出更多的努力和练习。

他们更容易忘记自己所学到的东西并在保持注意力和专注力上有更多的困难。

在学校里，他们很难习得和理解一些较复杂的数学运算，比如两位数的除法、分数运算、代数或几何计算，这些对于他们来说是很难的内容。

在语言学习中也存在理解抽象概念的困难，比如，所有与语法及其分析相关的内容。

他们的学习效率非常不稳定：第一天，他们似乎什么都懂了，第二天又什么都不记得了。

在大多数情况下，这些孩子需要专业的支持和与其相适应的教育方案。

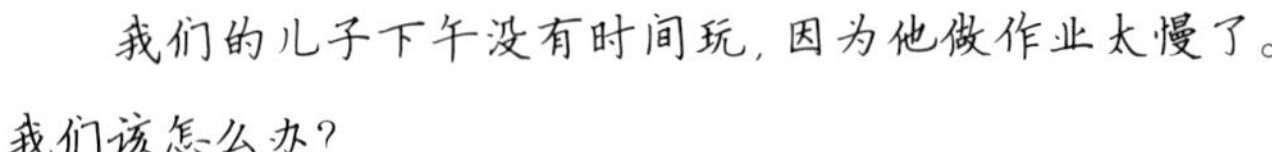

我们的儿子下午没有时间玩，因为他做作业太慢了。我们该怎么办？

关于家庭作业，我们提出以下几点建议。

用于学习的时间是有限的，就像其他的日常活动一样，有开始和结束的时间。孩子和你们必须清楚，学习必须有一个特定的开始时间和结束时间。也可以允许大幅度地调整学习的时间，但规则不应该是一定要等到孩子做完所有作业后才停止学习，尤其是当学习对其他活动产生过多的干扰时。

分配给孩子做作业的时间可以参考我们为每个年龄的孩子提出的建议表。对于做作业较慢的孩子来说，可以增加一点时间，但不要超过预期时间的两倍。当时间到了，孩子就该开展下一个活动了。

对于效率低下的孩子，一定要注意不让他们分心。所以，需要特别注意他们的学习环境：不要有电视、玩具和兄弟姐妹的干扰等。

行动迟缓的孩子通常短时间内学习效果会更好。相比连续20分钟的学习，他们可能会更好地利用3次时常为5分钟的学习时间以及中间短暂的休息时间。

最后，如果你们在采取了上述措施后，孩子仍旧需要更多的时间，你们应该找他的老师聊聊，以便让孩子的老师也了解问题，并评估孩子是否还有其他困难。

在我们的孩子身上有一些本书所指的个人制约因素，尤其是延迟满足的能力很差。在这种情况下我们该怎么做?

这是对孩子学习表现最不利的个人因素之一。延迟满足能力低下的孩子往往无法通过持续的努力实现目标;相反,他们不愿等待,想立刻得到想要的东西。

此外,当家长越来越早地满足他们的要求时,这种心态往往会得到助长。

孩子在学习上的问题源自他们不认为这是一件令人有成就感的事情,成就不是立竿见影的,而是需要长期的、持续的努力。

家长的目标是逐渐延长孩子等待的时间来让他得到他想要的东西,让他经历一些看似不可能的事情,让他明白只有通过持续努力才可能会实现目标。

虽然解决这个问题需要进一步的思考,但我们也可以提出一些改进措施。

不要总是立刻满足他的需求,让他再等等,哪怕只有几秒钟。因此,等待次序或守时是很有用的。

当他们的愿望不能立即得到满足时,请忽略他们的抱怨。

对他们采用“先完成那个再接着做这个”的方法。

让他体验练习的作用。游戏可能是一个好机会。通过游戏,孩子可以了解,只要多加练习就能提高效率和能力。

关于学习,家长必须提出短期目标,开始时将任务划分为较小的执行单位。为他设定可行的目标,比如遵守学习时间表、学习一个单元或者通过下一次考试。

经常通过表扬和显示出满意的方式来巩固孩子所取得的成就。

我们的儿子9岁,他报名参加了几种课余活动:英语、

计算机和篮球。他下午只有很少的时间学习。我们该怎么做？

一切活动都需要有对应的时间，无论是休闲还是学习。活动之间相互干扰是不合适的。很多孩子都身负“重担”，没有空闲时间。或者说没有那些不受管制的时间或者他们可以自由支配的时间。

因此，我们的建议如下。

9岁的孩子应该首先养成学习习惯，就像我们先前在书中解释的那样。因此，每天孩子应当至少在学习中投入1个小时。

参加课余活动是必要的，但它必须保证不影响每天的学习时间以及其他的每日活动。

当这变得不可行的时候，就比如您儿子的情况，最好能从这些活动中选择一些来做。

有时我们认为，我们的儿子带回家的作业太多了，我们怎么才能知道作业量到底合不合适？

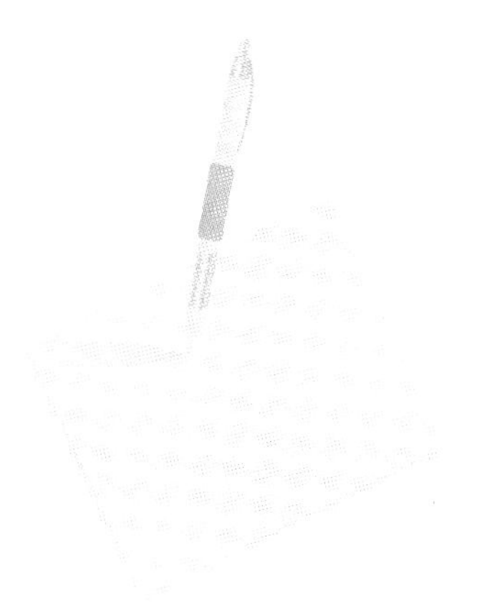

这种印象可能不仅源自作业的数量，也源自孩子投入到家庭学习中的时间。

这种情况很难准确地量化。一个有用的参考是，孩子做作业需要的时间是否比你们设定的时间要长得多？如果孩子需要的时间几乎是规定时间的两倍甚至更多，那就可能是作业量过多了。

当然，必须排除一些可能性：孩子患有学习障碍，或者因为孩子在课堂上浪费太多时间，不得不在家里完成课堂作业，或者孩子不懂得如何利用好学习时间。

无论如何，你们必须向孩子的老师反映这个问题，以便你们共同采取必要的措施。

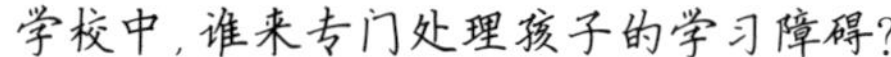

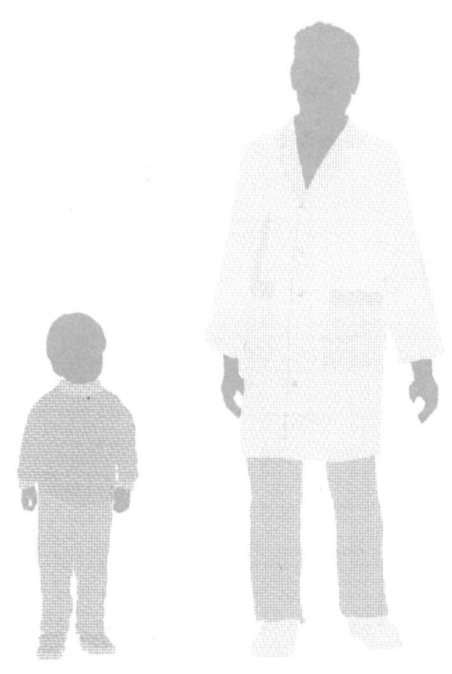

事实上，所有专业的老师都必须解决孩子所面临的学习困难。然而，专门研究这些困难的专家有：

教育专家——这些专家负责治疗和处理特定的学习障碍，并刺激或恢复不同的认知能力，如知觉、推理能力、注意力和记忆力等；

听力和语言大师——虽然他们被称为语言治疗师，但他们并不是真正的医生。他们是在学校里工作的老师，他们专门帮助那些有听力问题或有特定的语言和沟通困难的孩子。

这些专家会帮助特定的孩子，而不是面向所有的孩子。他们的处理往往是在单独的场景下（在小组中或教室里）。他们通常只接待那些已经被专家评估过的孩子，即被证实需要这些专业人员干预的孩子。

第七章

问题集

家长在面对孩子学习时的表现

介绍

接下来，我们向大家介绍本书的实操练习部分，即“家长在面对孩子学习时的表现”问卷。

这个练习旨在为家长提供一个参考，以了解和评估他们在面对孩子学习方面的表现。

除了最初的评估之外，此问卷还可以连续重复填写，从而检验家长所取得的进步。

除了答卷指南和问卷外，我们还为各位家长提供了相应的答案解读。

答卷指南

问卷由12个题目组成。每个题目包含4个选项:“几乎总是”“经常”“有时”和“几乎从不”。

回答每一个题目时，家长都需要选出那个最符合你们过去1个月通常做法的选项。

家长在面对孩子学习时的表现					
序号	做法	选项			
		几乎总是	经常	有时	几乎从不
(1)	我们对孩子的学习节奏以及他是否完成了作业，还有他的表现如何等情况始终保持了解				
(2)	如果孩子连续几天都告诉我们他没有作业，我们一定会设法确认的				
(3)	孩子有制订好学习时间表，我们会努力让他执行				
(4)	就算孩子没有作业或者考试，我们也要求他每天投入一定时间去学习				
(5)	我们会在孩子学习的时候监督他，这样一来我们可以确保孩子能充分利用学习的时间，也可以鼓励他				
(6)	我们确保孩子学习的时候没有让他分心的事物：电视、玩具、电脑、手机……				
(7)	孩子不明白的地方我们会帮助他				
(8)	孩子每天学习的时间与他其他的活动不冲突				
(9)	在规定的学习时间内，我们不允许孩子做其他无关的事情				
(10)	我们会通过告诉孩子学习的好处来帮助他重视学习				
(11)	我们会跟孩子沟通学校生活				
(12)	我们与孩子的老师保持定期的沟通				

答案解读

问卷完成后，请按照以下解析解读结果。

（1）给答案评分。每个选项对应的分数如下：

“几乎总是”＝10分；

“经常”＝7分；

“有时”＝4分；

“几乎从不”＝0分。

（2）为了初步理解答案的含义，请考虑以下几点。

所有得到10分（“几乎总是”）的题目表明家长的行为是正确的。

获得7分（“经常”）的题目表明家长的行为是没问题的，但需要更经常地这样做。

获得4分（“有时”）的题目是需要改进的方面。

得到0分（“几乎从不”）的题目无疑是指那些需要纠正的方面。

（3）最后，你得出的总分可以参考下面的说明来理解。

90到120分。这意味着家长对孩子的学习进行了正确指导。

70到89分。家长在孩子的学业上表现得很好。然而，有一些具体的方面或在某些指导方法上需要改进，尽管家长经常采用，但应该成为一种习惯。

50到69分。这表明家长有许多方面需要改进，尽管一些正在被采纳的方法是正确的。

0到49分。家长对孩子学习所采取的行动显然是不正确的或者根本没有采取适当的方法。因此，家长必须尽快改善自己的处理方式。

做完问卷后该怎样做？

问卷可以帮助家长制订一个改进计划。

（1）家长应从那些得到0或4分（“几乎从不”或“有时”）的题目开始，执行它们。

（2）如果没有得到0或4分的题目，或者已经将它们改善了，就针对7

分（“经常”）的题目开始执行，并尝试习惯这样做。

（3）如果总分低于90分，那么家长应该时常重复完成本问卷，看看都取得了哪些进步。

关于孩子学习投入程度的自我评估

介绍

第二份调查问卷是需要孩子来完成的，以评估他们对学习的态度。

本问卷应由孩子亲自完成，孩子从9岁开始（小学四年级）就可以填写本问卷，也可以由他们参考我们提供的标准和建议对自己进行评估。

如果第一次评估的结果低于80分，可以在一段时间后再进行一次，以检验孩子所取得的进步。

本书除了提供答卷指南和问卷外，还提供了用以参考的答案解读。

答卷指南

请你亲自完成这个问卷，然后评估你自己对学习的投入程度。

你需要回答10个非常简单的题目。每个题目都有4个选项供你选择：“几乎总是”“经常”“有时”和“几乎从不”。选出每个题目下最接近你通常的行为方式的选项，你可参照过去的1个月的做法。

关于孩子学习投入程度的自我评估					
序号	做法	选项			
		几乎总是	经常	有时	几乎从不
（1）	我会自觉开始学习				
（2）	在学校，我会记下那些回家该做的作业				
（3）	在家里，我有一个固定的学习时间并且会努力遵守它				
（4）	我会按时做作业，不会留到最后再做				
（5）	在开始学习之前的几分钟，我会停下手头的事为学习做好准备				
（6）	我学习的时候不会被音乐、电视、手机干扰				
（7）	就算没有作业，我每天下午也会学习一会				
（8）	如果有什么不明白的，我都会找爸爸妈妈或哥哥姐姐帮忙				
（9）	我会自己收拾好第二天用的书包				
（10）	我会努力在学习中寻找乐趣				

答案解读

为了知道测试结果，你需要完成以下步骤。

（1）根据以下标准给每个答案打分：

选择“几乎总是”=10分；

选择“经常”=7分；

选择“有时”=4分；

选择“几乎从不”=0分。

（2）为了初步理解答案的含义，请考虑以下几点。

所有你得到10分（“几乎总是”）的题目表明你在这种情况下的做法是正确的。

得到7分（“经常”）的题目表明你做得很好，但需要坚持这样做。

得到4分（“有时”）的题目说明你必须改进自己的行为。

得到0分（“几乎从不”）的题目清楚地说明，你做得不够好，需要及时纠正。

（3）最后，你得出的总分可以参考下面的说明来理解。

总分为80到100分。你是个好学生，你的学习表现很好，祝贺你！

60到79分。你做得相当不错，但有些方面你需要改进，才能成为一个更好的学生。

40到59分。你作为学生的表现一般。虽然有些事情你做得很好，但还有很多你同样能做好的地方。加油！

0到39分。你可能在学习时还不够投入。你必须尽快改进。快撸起袖子开始干活吧！让别人看看你是怎么做到的！

第八章

教会孩子画重点、总结和学习

导言

我们将要展示的技巧应该是在学校被系统教授的且作为课程的一部分。此外，正如我们在本书中所指出的，应该由教育专业人员教授这些技巧。

然而，情况并不总是如此，有时许多家长也会在家里教孩子一些学习技巧。

接下来，我们提出了一种方法，它能让您的孩子学会画重点、总结和吸收知识。我们提出的建议有以下特点。

（1）它是为9岁以上孩子的家长设计的。如果合适的话，老师也可以使用它。

（2）适用于9岁以上但还没有在学校里学习这些技巧的孩子。

（3）这个过程需要家长投入一定的时间，尤其是在开始的时候并且至少需要坚持45天。

（4）上述建议需要使用孩子学习的课本和文本。

为了更好地帮助大家理解必要的步骤，我们用一份相当于小学六年级（12岁）课文的文本来举例。

"移民"

在人类历史上，从一个地区到另一个地区发生了大量的迁移活动。但从20世纪下半叶开始，最重要的移民发生了。

我们这里提到的移民，是指由于社会、政治或经济原因而产生的人口流动。

移民有不同类型：

国际移民：人口从一个国家迁移到另一个国家。这种人口流动是由于各种原因造成的，比如：找工作、家庭团聚或战争导致的流离失所。

内部移民：人口从一个地方迁移到另一个地方，但在同一个国家之内。

最重要的内部移民是指从农村搬到城市的移民，这就是所谓的“农村人口外流”。许多年轻人从农村搬到城市学习并寻找工作。

最可观的国际移民，是从非洲、东欧到西欧，从南美洲到北美洲。这些国家人口流动的主要原因是寻找工作、逃离贫穷和战争冲突。

第一步：通篇阅读和词汇理解

学习文本的第一步是让孩子先通读一遍，以了解它的内容。

接下来必须解释那些孩子不理解的概念。在我们刚刚举例的关于“移民”的文章中，可能需要向孩子解释的概念有：“20世纪下半叶”“政治或经济原因”“家庭团聚”“农村”等。

当孩子不理解一个概念时，通常的做法是让他利用字典或其他材料查找信息。然而，这并不总是正确的策略。一方面，这些资源中的释义并不都适合孩子。另一方面，对他们来讲，寻找大量的信息是一项非常乏味的工作。最好的办法就是家长直接向他解释他不知道的概念。

第二步：引导画重点

画重点是指在文本中标出最关键的信息。然而，孩子往往不理解什么是次要的，什么才是重要的，他们通常认为一切都是重要的。

在这个步骤中，家长的任务是帮助他们筛选文本的重要内容。为此，我们建议家长向孩子提供一些“引导性问题”；换句话说，这些问题能够引导孩子看到重要的信息，并标记下重点。

如果在“移民”的文本中，要求孩子画出以下问题的答案，他的任务一定会完成得更轻松些。请在文本中画出下面问题的答案。

（1）什么是移民？

（2）移民是从什么时期开始的？

（3）移民的类型有哪些？

（4）国际移民的动机是什么？

（5）内部移民的动机是什么？

有了这些或类似的问题，他就可以轻松地学习了。由此，文本将被画出如下重点。

No.1 什么是移民？	我们这里提到的移民，是指由于社会、政治或经济原因而产生的人口流动。
No.2 移民是从什么时期开始的？	在人类历史上，从一个地区到另一个地区发生了大量的迁移活动。但从20世纪下半叶开始，最重要的移民发生了。
No.3 移民的类型有哪些？	移民有不同类型： 国际移民：人口从一个国家迁移到另一个国家。这种人口流动是由于各种原因造成的，比如：找工作、家庭团聚或战争导致的流离失所。 内部移民：人口从一个地方迁移到另一个地方，但在同一个国家之内。
No.4 国际移民的动机是什么？	最可观的国际移民，是从非洲、东欧到西欧，从南美洲到北美洲。这些国家人口流动的主要原因是寻找工作、逃离贫穷和战争冲突。
No.5 内部移民的动机是什么？	最重要的内部移民是从农村搬到城市的移民，这就是所谓的“农村人口外流”。许多年轻人从农村搬到城市学习并寻找工作。

在这个引导孩子画重点的过程中，家长的帮助只限于提出一些"引导性问题"。很明显，家长必须先阅读文本理解它，并找出相对关键的信息。

随着孩子掌握了这个技巧，他们可以利用一些其他的建议来完善这个技巧，比如用最少的字画出重点，或者使用两种不同颜色的笔画出重点。

第三步：总结

总结是用最少的字来表达文本的基本内容。摘要通常需要删除示例、解释和一些具体细节。

家长可以建议孩子以一种简短、有序和说得通的方式来进行总结。根据他们所标记出的文本细节，回应"引导性问题"。

现在根据你在文本中画出的重点内容回答下列问题。

总结如下：

No.1 什么是移民？	移民是由社会、政治或经济原因引起的人口流动。
No.2 移民是从什么时期开始的？	最重要的移民发生在20世纪下半叶。
No.3 移民的类型有哪些？	移民有不同的类型： a.国际移民：人口从一个国家迁移到另一个国家。b.内部移民：人口在本国内迁移。
No.4 国际移民的动机是什么？	国际移民是由于找工作、逃离贫穷和战争冲突。
No.5 内部移民的动机是什么？	内部移民是由于许多年轻人从农村搬到城市学习并寻找工作。

第四步：吸收信息

一旦家长标注并总结了文本，就可以让孩子准备好吸收这些知识并将其融入记忆中了。

当前面的步骤顺利完成时，孩子吸收知识就变得容易多了。为此，家长可以建议孩子做到以下几点。

（1）多次阅读总结。

（2）遮住“引导性问题”，试着边阅读课文边回忆问题。如果孩子不记得了，就一直读下去，直到他找到问题的答案。

（3）试着记住或在没有看课文的情况下回答“引导性问题”，然后检查答案。这一步可以一段一段地完成。

让孩子在没有帮助的情况下掌握这些技巧

当孩子已经能够在家长的帮助下完成画重点和总结时，他们在第二阶段需要学习如何在没有帮助的情况下完成整个过程。

当孩子能够自己提出“引导性问题”时就意味着他已经掌握这个技巧了。孩子需要通过练习来学习这些技巧。起初，让他自己提出“引导性问题”，家长负责监督和完善这些问题，直到孩子最终在没有帮助的情况下完成整个过程。

总 结

我们提出的让家长教会孩子画重点、总结和吸收知识的步骤有以下几点。

（1）阅读文本，解释词汇。

（2）给孩子提出“引导性问题”，让他在课文中画出答案。

（3）总结文本，以有序且简短的方式结合画出的重点来回答“引导性问题”。

（4）吸收知识时要多次阅读总结，回顾“引导性问题”，然后是课文的内容。

（5）孩子负责提出“问题”，家长负责监督和完善问题。

（6）最后，孩子需要在没有帮助的情况下完成整个过程。

我们希望这些步骤能帮助各位家长教育你们的孩子，帮助他们在学习中取得更好的成绩。现在，请诸位将它们付诸实践吧。

参考书目

• AJURIAGUERRA, J. de (1977), *Manual de psiquiatría infantil* (4ª ed.), Barcelona, Masson.

• ALONSO, J. A., RENZULLI, J. S. y BENITO, Yolanda (2003), *Manual internacional de superdotación*, Madrid, EOS.

• ÁLVAREZ, L. Y SOLER, E. (2102), *La diversidad en la práctica educativa: modelos de orientación y tutoría*, Madrid, CCS.

• ASOCIACIÓN AMERICANA DE PSIQUIATRÍA (2002), DSM–IV–TR. *Manual diagnóstico y estadístico de los trastornos mentales* (rev.), Barcelona, Masson.

• EZPELETA, Lourdes (2005), *Factores de riesgo en psicopatología del desarrollo*, Barcelona, Masson.

• FERNÁNDEZ, Encarna y GODOY, Carmen (2002), *El niño ante el divorcio*, Madrid, Pirámide.

• GALVE, J. L. y AYALA, C. L. (2000), *Orientación* y acción tutorial, Madrid, CEPE.

• GARBER, S. (1993), *Portarse bien: soluciones prácticas para los problemas comunes de la infancia*, Barcelona, Medici.

• GONZÁLEZ MANJÓN, D. y GARCÍA VIDAL, J. (1989), *El desarrollo de las técnicas de trabajo intelectual. En manual para la confección de PDI*, vol. III, Madrid, EOS.

• GONZÁLEZ MANJÓN, D. y GARCÍA VIDAL, J. (2000), *Dificultades de aprendizaje I. Concepto y evaluación*, Madrid, EOS.

• GONZÁLEZ MANJÓN, D. y GARCÍA VIDAL, J. (2000), *Dificultades de aprendizaje e intervención psicopedagógica II. Lectura y escritura,* Madrid, EOS.

• ORJALES, Isabel (2005), *Déficit de atención con hiperactividad:*

manual para padres y educadores, Madrid, CEPE.

• PARKER, S. y ZUCKERMAN, B. (1996), *Pediatría del comportamiento y del desarrollo: manual para la asistencia primaria*, Barcelona, Masson.

• PEDREIRA, J. L. (1995), *Protocolos de salud mental infantil para la atención primaria*, Madrid, ELA.

• PORTELLANO, J. A. (2007), *Neuropsicología infantil*, Madrid, Síntesis.

• REYNOLDS, C. R. y KAMPHAUS, R. W. (2004), BASC, *sistema de evaluación de la conducta en niños y adolescentes*, Madrid, Tea–Ediciones.

• SAN SEBASTIÁN, Isabel y SAN SEBASTIÁN, J. (2004), *¿A qué juegan nuestros hijos?*, Madrid, La esfera de los libros.

• TIERNO, B. (2003), *Las mejores técnicas de estudio*, Madrid, Temas de hoy.

• URRA, J. (2004), *Escuela práctica para padres: 999 preguntas sobre la educación de tus hijos*, Madrid, La esfera de los libros.

• URRA, J. (2007), *El pequeño dictador*, Madrid, La esfera de los libros.

• TREPAT, Esther y VALLE, A. (1998), Temperamento infantil: concepto y evaluación, in Domènech–Llaberia, Edelmira: *Actualizaciones en psicopatología infantil II*, Barcelona, Universidad Autónoma de Barcelona.

• ARTIGAS-PALLARÉS, J., RIGAU-RATERA, E. y GARCÍA-NONELL, C. (2007), Relación entre capacidad de inteligencia límite y trastornos del neurodesarrollo, *Revista de Neurología*, 44, 739-744.

• REBOLLO, M. y RODRÍGUEZ, S. (2006), El aprendizaje y sus dificultades, *Revista de Neurología*, 42, (supl – 2)